一以貫之・孔子

黃雅芬◎著

一以貫之·孔子

contents

【序】

第一次要爲自己的著作寫一篇〈序〉，心裡頭多多少少感到一絲不好意思，除了自己本身並非具備文學上的眞才實學，再者用字淺詞也稍嫌薄弱而無深度，倘若你已經看完這本書，便會發現，其實筆者想要傳達的是她平日教學之外，從學生，從同事，從生活周遭的各方面，所引發到的一些感觸。故而這並非一本探討《論語》文章義理方面的書籍，而是人人都能讀，也人人都能懂，甚至如果你願意也可能同我一般，勤於觀察，勤於讀、寫，勤於與人攀談，寫下從一點小事件就能得到大啓發的一本書。

所以筆者鼓勵每一位伙伴不論多忙、多累，也都能撥一點時間留白，留白做什麼？發呆？睡覺？思考？暫且把它稱之爲「愛自己」時間吧！事實上做什麼都好，拿來跟自己對話，說說今天發生了什麼事，該感謝哪一些人，就是完全屬於自己的時空，不容其餘人破壞。或者也試試把這些感覺訴諸文字寫下來，不是爲了寫給特定的人看，不是爲了交差了事，而是純粹對自己，然後有了算是留在人間的依戀。

生命何其美妙，世界如此美好，縱使身邊或多或少有一些缺陷存在，但仍不減損它的圓滿，只要懂得用智慧去面對，去解決，自然能夠淡化這份不完美。我們四周有許許多多的人士，正身體力行唱出對生命的謳歌，像是：晨間一位斷臂的慢跑者邁步與我的座車迎面相對，一位顏面傷殘的婦人熱情地招呼我坐下，一張張眞實的臉孔就在你我身邊出現，我們並不需要對他們投以同情的眼光，相反地，只需以平常人的心態待之，因爲這是生命本就會持續下去的力量，牆縫裡兀自求生的小草，又何需其他人的眼光才得以生活下去？《一以貫之・孔子》裡頭載滿人生百態，一百五十則小故事就代表著不同的生命之歌，當然筆者等待下一本屬於你自己的生命之歌，繼續傳唱下去。

文末，還想依著平日自己爲所有人祈福的習慣，記上爲這個世界的祝福，接著，感謝所有幫助我完成這本書的家人、朋友、同事，當然也包括耐心看完這篇〈序〉的你！

卷一

新世紀閱讀觀

讀書貴有心得，
書本，生活中再多豐富的知識學問，
白紙黑字稍縱即逝，
不去接納消化，終歸不是自己的東西。

學而時習之，不亦說乎？有朋自遠方來，不亦樂乎？人不知而不慍，不亦君子乎？〈學而〉

修治學問而能時常將它反覆練習，這不是一種喜悅嗎？有志同道合的朋友從遠方來，跟我切磋討教，這不是一種快樂嗎？自己學問有成就，而別人不知道，我卻不怨恨，這不算是有修養的君子嗎？

什麼是快樂？你曾經爲了何事而感到喜悅？答案或許見仁見智吧！但你一定有過快樂的經驗，像是搭乘雲霄飛車爬到頂點再俯衝而下，心情盪到高處，興奮異常。

在孔子眼中快樂無非是學習，而眞正的學習在於充實自我之生命，不需藉由他人的肯定來印證自己的價值，更棒的是能與一干志同道合的友伴相互琢磨，在共同討論中激發出更多知識的、智慧的光彩。

現代人生活多樣化，喜怒哀樂隨著外在情境轉變的速度，想必也是「摶扶搖而直上」，遇到樂事當然不錯，情緒陷入谷底時，要如何讓自己恢復昔日光彩，想必是每一個人急欲辦到的事。不知道你有沒有試過咱們老祖宗孔子的辦法——讀書？

讀書自有情趣，不同的書籍能撫慰你心靈不同的角落，甚至同樣一本書在不同的時空下閱讀也會有不同的況味，視爲「學而時習之」的新解，似乎也無不可。重要的是要能在書海中找到足以救助心靈的良方，哪怕只是一根枯木，也能助你於茫茫人海中不至溺斃。

祝你找到快樂的泉源。

…………

史賓賽：快樂的秘密是什麼？領略那些小小的樂趣。

…………

溫故而知新，可以為師矣。〈爲政〉

能夠溫習舊業，增加新知，才可以當別人的老師。

朱熹〈觀書有感〉：「半畝方塘一鑑開，天光雲影共徘徊，問渠那得清如許？爲有源頭活水來。」

一直對這首小詩情有獨鍾，因朱子的「活水觀點」而欣喜，宋代大儒道出讀書的另一個層級，與孔夫子的「溫故知新」相映成趣，可見得他對生命的領悟從此更進一步。

讀書貴有心得，書本、生活中再多豐富的知識學問，白紙黑字，稍縱即逝，不去接納消化，終歸不是自己的東西。溫故，但求別遺忘所學；知新，還能鑽研新得。以現代的社會而論，不前進就代表某一種層面上的退步，將自己定位在「活水觀點」裡，隨時把水的閘門開啓，不停替換，水才能潔淨，心才能明澈。

生命運轉，流動自如，心靈自在自適，關鍵在一個「活」字，倘若停滯不前，任由腐敗發臭，缺乏生機活力，不免對這樣的生命發出喟然一嘆，枉費造物主一番美意。

…………

梭羅：先讀最好的書，否則你會發現時間不夠。

…………

知之為之知，不知為不知，是知也。〈爲政〉

必須實在明白的才自認爲知道，如果有些不明白的，就不要強以爲知道，如此有自知之明，才是眞知啊！

「也不想想自己有幾斤幾兩重，那麼沒有自知之明，還敢……」

約略聽過這樣類似的對話，可能刻薄了些，明明沒有如此能力，卻老想做超出自己實力的事，結果當然不成，人起碼要有自知之明，才不至於貽笑大方。即便如此，知道自己缺少什麼後，開始去補足，下次做事的成績就應該可以提昇。

求知也是相同的道理，學海無涯，無須炫耀，未知的領域太多，遠非人類所能預測，用最純樸的心去吸收，如同一塊海綿，廣納於胸，在釋放與汲水之間，達到一個良好的平衡狀態。

事實上，越飽滿的稻穗垂得越低。越是學識淵博越能虛心待人，愛因斯坦把他至高無上的榮譽歸功於同事好友，好像與他本人不相干似的。諸多競賽的得獎者，拿到獎盃的那一刻，一定致上一連串的感謝，這並非一種致詞的形式，而是衷心了解若沒有你們就不會有今日之我。達到一定境地之後，越能明白自己所學太少，需要許多人的幫助，於是更謙虛對待，凡是遇到不懂的、不明白的，絕對不恥下問，從來不會裝作以爲知道。

除了「自知之明」外，再修練自己謙沖自牧的情懷，走到哪，都把自己當成一株晶瑩飽滿的稻穗。

…………

笛卡兒：越學習，越發現自己的無知。

…………

知之者，不如好之者；好之者，不如樂之者。〈雍也〉

懂得它的人，比不上愛好它的人；愛好它的人，又不如以它爲樂的人。

「知之者，不如好之者；好之者，不如樂之者。」這裡的「之」雖然孔子並沒有言明說是什麼，不過「好之」、「樂之」的深淺次序是明顯易懂的，一般人把它當成是「讀書做學問」倒也未嘗不可。

讀書，對大部分的人來說可能都還停留在與考試相關的痛苦記憶裡，每天有應付不完的教科書，可怕的是它關係著未來的升學，心裡不免戰戰兢兢，更別談喜歡了。進入工作職場，脫離分數夢魘，總能拾起書本仔細玩味了吧！「不，太忙，沒時間，我還有公事、家事……」以讀書爲樂，難矣！

「求學問的知道」你我都會做，可惜自小被厚重的教科書嚇壞，以爲書裡高深的學問再也不適合閱讀，寧可外求於報章雜誌、電視影像，就是建立不起閱讀的興趣，如此循環恐怕扼殺了書本的美麗，也剝奪讀者靜下心來讀一本好書的權益。

建立讀書風氣，養成閱讀習慣，顯得格外重要。古人有云：「三日不讀書，便覺面目可憎。」從常翻書的這一個動作開始，持續培養對它的喜愛，時日一久，保證愛不釋手。從不排斥，喜歡親近書本，到研究鑽研知識，以此爲樂，需要花一輩子的功夫來完成，或許你會說：「我又不是專家學者，何必那麼認眞。」其實書是很大眾化的東西，針對個人不同需求，選擇願意閱讀也能從中得到啓發知識的即可，這算是入門第一招。不打緊，慢慢來，只要你願意，書的寶藏永遠挖掘不完。

浸淫書海，冷暖自知。

托爾斯泰：智慧是無限的，人越接近智慧，智慧在生命中的重要性越高。

日知其所亡，月無忘其所能，可謂好學也已矣。〈子張〉

每天能夠知道自己所不知道的，每月能不忘掉已經掌握的，就可以說是好學的。

一次在書上看到這樣的比喻覺得有趣，它說現代人讀書有四種讀法：一、零效應讀書法：讀書沒記住任何東西，說穿了根本等於「負效應」，白白浪費讀書的時間。二、化妝品讀書法：以爲知識純粹用來提昇氣質，妝點面子，妝一旦卸下滿臉皺紋怎能見人。三、冷藏庫讀書法：讀了許多書卻把它當成物品冷藏起來，不能創造，無法使用。四、熱處理讀書法：懂得處理加工，輸出之後再行銷包裝。必須是學與創造的結合，經過消化吸收，才稱得上眞正的學習。

因此除了「日知其所亡，月無忘其所能」還不夠，學問在反覆吟詠背誦之餘，需加上實踐的功夫，種種讀書的層次環節，關關去突破發展，也才能日益精進。

以前小時候跟爸媽頂嘴時，他們總是這麼說：「你書是讀到背後去？」（台語）、「學校老師是這樣教你的嗎？」、「無采讓你去讀冊」。老一輩的人認爲讀書是件神聖了不得的事情，代表將來可以在社會上出人頭地，可以和其他人平起平坐，不必像他們一樣帶著「無讀冊」的遺憾，辛苦工作一輩子。

他們對於讀書的實用想法雖然過於單一化，倒也透露出對年輕學子最基本的要求，不能忘記所學，不能連孝順父母都做不到，讀書可是將來學以致用的東西，掙錢的工具。

固然讀書不一定能賺大錢，要讀得好卻一定要下苦心，基礎奠定穩，習慣建立好，要得到更高層級的學問自然不是難事。

米爾頓：如果你認爲在不斷求知的道路上可以稍做停留，你就大錯特錯，我們接受的生命不是要讓我們來讚美，而是要我們不斷追尋藏在身後的新眞理。

學如不及，猶恐失之。〈泰伯〉

學習好像在追趕什麼，生怕趕不上，趕上了，還怕會失去。

孔子是個好學的長者，「吾少時也微賤，故學會許多鄙事。」舉凡射箭、騎馬等，都在他學習的範圍內，老人家還謙虛的說：小時候家境差，自然要學多種才藝。看來「萬貫家財不如一技在身」的觀念，夫子倒是想得透徹。

從這樣的角度思考，學習果真浩瀚如海，絲毫不能懈怠，再加上現代如此快速多變的生活步調，「不及」二字用得恰到好處。學生不認眞唸書，怕擠不進升學的大門；上班族再不努力提升自我能力，怕是下一波裁員名單的熱門人選；要是有人不會開車、騎車、搭公車、坐捷運，怕連迷了路都不知道如何回來。就算以上都做到了，還得勤勉持之，生活中永遠都有不可預期的小插曲會發生，最好的辦法是多積存實力應付，免得到頭來手足無措。

看看自己還欠缺什麼，二十一世紀版的「守株待兔」不會降臨，若是還在猶豫、躊躇不前，機會只留給下一個趕上你、準備比你充分的人。如果孔夫子再多活個兩千五百年，就會看到他，一位白髮蒼蒼，慈祥和藹的老翁，正坐在電腦前面利用網際網路世界各地漫遊呢！

…………

梭倫：要在生活中不斷學習，不要以爲年紀的增長會自動帶來智慧。

…………

學而不思則罔，思而不學則殆。〈爲政〉

光學習而不加思索，必昏茫無所獲得，只空想卻不實行，也是極爲危險的。

倘若做一個調查：針對各年齡層的閱讀類型做統計，猜猜受歡迎的會是哪些？當所有人大力疾呼「開卷有益」時，我們應該再加上一個問號，試著檢視書本對我們的益處何在，當益處消失剩下來的會不會有害。

從閱讀書本獲取知識是最直接最便利的方式，「盡信書不如無書」，書中所言若是照單全收，或者囫圇吞棗不加思辨，甚或片面接受，以偏概全，只知其一不知其二，走歪了路，絕非原書的本意。

食物必須經過消化之後，當中的營養素才能爲人體所吸收，知識也是同樣的道理，訊息一傳達到大腦，亦得經由分類整理歸納，方能統整出一個具有意義的語言、文字或者其他符號。而這所謂「整理」功夫就視個人功力而定了，有人懂得用「心」來輔助，用「舊有經驗」來協調，效果自然好得多，要是光知道接收訊息，忽略了整理思考的過程，死板板地刻在腦袋瓜，總有一天會因儲藏過量宣告當機。

讀書方法「博學、審問、愼思、明辨、篤行」五者不得偏廢，誰若是偷懶，硬缺了其中哪個步驟，得到的結果鐵定七零八落。

…………

亞里斯多德：思維是從疑問與驚奇開始的。

…………

攻乎異端，斯害也已！〈為政〉

孔子說：「專門學習不正的道術，那禍害是極大的。」

「異端」所指何事？學習知識不正是一件好事嗎？何來異端之說？

第二次世界大戰若不是靠人類智慧發展的核能武器，所造成的傷害也許小點，當然，我們也不能否定科技帶來的文明，正是「水可以載舟，亦可以覆舟。」

一件事總要全盤考量才能見到它的利弊得失，不管異端所指是不是正道，只要它的用途偏了，再名門正派的學術，到頭來也只會落得邪門歪道的臭名，《笑傲江湖》裡的岳不群即是一例，為習得更高超的武藝，犧牲再大也不後悔，最後身敗名裂。

學術，學了之後要致用才能發揮功效，對個人、家庭、社會、國家有貢獻才是上乘的表現，小到看電視益智遊戲派得上用場，大到增進全宇宙人類的福祉，每一個生活的小環節都是學問，若是用在善的、好的地方，對自己及周遭人事物都有助益，反之，運用自身的聰明才智從事犯罪情事，除了愧對家人親友，把自己逼進牢籠，而滿腹的知識長才，一時之間也無用武之地。像現在智慧型手機風靡之時，每一個學生無不帶著欣羨的目光，偏偏學生口袋錢財有限，當理智不足以克制慾望時，連大學生，也不惜偷竊，然後，斷送自己前途。

思及至此，豈不慎哉？「攻乎異端，斯害也已！」

…………

馬洛利：思想是生命的智慧與重要能源，但思想可以為善，也可以為虐，純視其品質而定。

…………

詩，可以興，可以觀，可以群，可以怨。邇之事父，遠之事君，多識於鳥獸草木之名。〈陽貨〉

詩，可以感發人的志氣，可以考見政教的得失，可以考察應對進退的方法，可以使人怨而不怒。近則觀摩盡孝的道理，遠則觀摩盡忠的道理，並且還可以多多記得那些鳥獸草木的名類。

以現代閱讀新觀點來看，能親近詩的人畢竟不多，詩海浩瀚並非咱們三言兩語所能言盡，如果把詩的範圍擴大，從多種書籍、不同角度來閱讀，每個人獲得的啓發，因觀感不同而各異，最主要在於你得到什麼，願意學習什麼。

「興」，可以抒發性情，一種藝術的感染力、美的觀賞，滋養潤澤一成不變的生活模式。「觀」，可以觀察世界百態，不是能讓書帶領你，進入其他你不曾到過的地方嗎？雖不能親至其間，倒也神遊此地撫慰心靈。「群」，可以合群諧眾，仔細想想，閱讀的同時恰與另一位友伴進行無聲的交流，此時，就算身處孤寂的時空，也不會被世界遺棄。「可以怨」，大概是抱怨吧！人生在世難免有怨氣要發，若有人替你大聲撻伐，不正是切中要害，教人直呼痛快。

那麼漸漸耳濡目染之後，性情敦厚多了，氣質智慧提昇，就連牢騷都有發洩管道，身旁親友從此有了清靜空間。

「邇之事父，遠之事君」。人終究不是處在一個孤絕的世界，在家侍奉雙親，出外與人交往，要靠自小培養的良好品德，才能待人圓融，無愧於心。

各位，準備開始學習了嗎？

…………

托爾斯泰：豐富的知識能在意識心靈上奠定瞭解生命意義的基礎，你可以在生命中最美好的時刻體驗這種狀態。

…………

古之學者為己，今之學者為人。〈憲問〉

古時的學者，是爲了自己的知識德行而去學習，現代的學者，則是爲了求名以取功名利祿而勉強去學。

古人有云：「書中自有千鍾粟，書中自有黃金屋，書中自有顏如玉。」比喻讀書有自得的樂趣。以口語來解釋，家財萬貫，美女環伺，高級享受，書讀得好，在古人看來獲益不少。用這些字眼，當然只是想表達一種極致的層面，不知道是否有人因此下定決心一定要找到這些「可觀物質」才肯罷手。

「萬般皆下品，唯有讀書高。」不少讀書人窮盡畢生精力實踐此句箴言，一些「十年寒窗無人問，一舉成名天下知」的故事不斷上演，從此告別苦讀踏上仕途。不過更多是被擋在門外的「名落孫山」，該如何安撫自己這顆受創已久的心靈，才不至於步入《儒林外史》裡發瘋痴傻的後塵？寄情山水，四方遊歷，不少文人走上此途，開始用心領略書中眞趣，爲自己求學問。大抵是絕處逢生，失了發達人群的機會，才得到內心自在的充實。

求學問，儘管爲人爲己的目的不同，總要弄清楚根本所在，學爲根基，用於治事，兩者皆備，就是生命成功圓滿之時。

…………

魯斯金：人無法出售自己的天賦與才能，要是你這麼做了，你就是個娼妓。人可以出賣勞力，但不可以出賣靈魂。

…………

敏而好學，不恥下問。〈公冶長〉

性情敏慧且能篤志學問，地位高卻肯向下求教。

劉開在〈問說〉一文曾提出：學與問乃相輔而行者，學習，以解答對事物道理的疑惑；發問，得以再從基礎上獲致更廣博的學識。好學卻不好問，不能算是眞正好學。

以前受教育的年代，學生還是很害羞的，只要老師在課堂上問：「同學有沒有問題？」多半沒人舉手發問，不知是眞沒問題，還是缺乏勇氣。我們被教育成服從守規的一代，面對尊長大多唯唯諾諾，很少能侃侃而談。學習路上忽略了發問這一關，等到大學、研究所時期，才慢慢彌補過來，在一連串討論疑問的過程中，企望得到世界眞理。

「智者千慮，必有一失。聖人所不知，未必不爲愚人所知也；愚人之所能，未必非聖人之所不能也。理無專在，而學無止境。是故貴可以問賤，賢可以問不肖，而老可以問幼，惟道之所成而已矣！」劉開先生這段話也說到了「不恥下問」的眞意。

知識的多寡，並非取決一個人的地位、財富、學歷，每一個人認知的層面不同，問問一位賣麵幾十年的歐巴桑，她當然知道怎樣煮出一碗好吃的麵食來，即使她不清楚阿姆斯壯是誰，登陸月球對人類的意義有多大，也無損於她對麵食的執著與熱情。所以向老嫗請教麵食的訣竅，向天文學家則請教月球隕石的資料……，藉由各方多元的資訊，豐富自己的學識。

學習的精神就在於那顆永遠「熱情」的心，不放棄持續下去。

…………

聖路加：人的身體宛如一座有善有惡的城市，你就是這座城市的國王，你的智慧是你的最佳顧問。

…………

譬如為山，未成一簣，止，吾止也。譬如平地，雖覆一簣，進，吾往也。〈子罕〉

做學問就像堆一個小山丘，如果只差一筐土而未完成卻停止了，這是我自己要停止的啊！又像是填平窪地，雖然只倒了一筐土，但繼續下去就可以填平，這是我自己要填平的啊！

分享一個小經驗：

以前還是學生的時候，只要考試成績一不理想，隔天的日記一定又向老師懺悔：我從今以後必定痛改前非，洗心革面，努力用功，不再讓師長對我感到失望。結果當然可想而知，落入以考試爲本位的迷思，克服不了對教科書的恐懼及自身的惰性，一日復一日，明日何其多。等到出了社會，才開始眞正爲自己唸書。沒想到十年風水輪流轉，一看到學生寫的日記居然跟十幾年前的我如出一轍，頓時哭笑不得。

「一個人最大的敵人就是自己」。要說服別人很容易，說服自己往往很難，因爲總是可以找到成千上百種理由當作藉口：「等我看完電視」，「再睡一下，醒來再看書」，「下一次一定會更好」，卻忘了當下才最眞實，所以偷懶、半途而廢、功敗垂成的戲碼不斷上演，觀眾也等不到落幕，便識趣走開，一齣老在從頭開演的腳本，注定得不到掌聲。

爲學成敗，操之在己，貴在持之以恆。共勉之！

蒙田：懶惰可以摧毀最特出的天賦。

生而知之者，上也；學而知之者，次也；困而學之，又其次也；困而不學，民斯為下矣。〈季氏〉

天生就知道道理的，是上等的資質；要學過才知道的人，是次一等的資質；必須下了苦功才知道的人，又是次人一等的資質；而內心已感到困惑卻仍不學習的人，眞是最下等的了。

孔子將人分成三種等級，乍看之下，似乎是依照資質駑鈍的差異依次分別爲上等、次等、劣等，刻意把天分高低塑造成一切的行爲準繩。其實不然，若悉心觀察就會發現，孔子本則所提到的「生而知之者」根本是虛擬的，不過是爲了凸顯三者當中的等級差異，故而寫上一筆，實際上孔子根本就認爲沒有此種人存在，自己本身也不承認。（「我非生而知之者」〈述而〉）每一個人都是學了才知道的，至於困而知之者與困而不學者的區別，僅在學與不學罷了，跟資質天分絲毫沒有一點兒關係，最末了話鋒一轉「民斯爲下矣」，轉而惋惜那些不學好的人，自甘墮落，難怪屈居最後。

從整句話來看，孔子的重點應該是擺在最後的那一句話，「困而不學，民斯爲下矣。」也是値得我們切身反省的格言警語，一個人若眞要明白道理，不可能跳脫這一道步驟，不經由讀書求學的程序，人無從達到知書達禮的境界。

說個關於孔子的小故事好了。老子見孔子在讀書就去問他正在讀啥書，孔子說：「我正在讀以前聖賢人讀過的書。」老子說：「聖賢人當然可以讀它，你又何必再讀它？」不少人也取這故事裡的口吻，以爲聖賢書理應給聖人讀，你我普通人讀它做什麼，殊不知此話一出就已經淪爲「民斯爲下」的地步了。

巴斯卡：無知有兩種，一種是所有人初生時單純、自然的無知；一種是所謂的聰明。很多自命爲學者的人並不瞭解眞正的生命，他們輕視單純的人與事。

我非生而知之者，好古，敏以求之者也。

〈述而〉

我並不是天生就知道道理的啊！是因爲愛好古道，然後用敏捷的心思努力求到的。

夫子的這番話很值得我們自身反省。心裡難免有一個心結是這樣的：見到別人學業優異或者事業有成時，不思「見賢思齊」，不從自己的不夠努力來檢討，反而略帶點「酸葡萄」的意味，嘴裡說：「他是天才嘛！資質聰穎，理所當然。天才，我們怎麼學得來？」就只這一句話足以看出此人的氣量狹小，讓自己永遠甘願做一個庸庸碌碌的人。

當年孔子刪詩書、定禮樂、修春秋、序易傳，對上古文化進行系統的總結，開創文化發展的新局面，於是免不了有人要尊稱他一聲「聖人」，說他老人家是「生而知之」的天才，有鑑於此孔子開門見山地說：「我非生而知之者」，此話並非孔子想要表達儒生謙遜的美德，而是他切確反對「天才」的說法，強調「學而知之」。

「好古」並不是保守，故步自封，如果拿現代語言來講，應該說是熱中於掌握追求既有文化的知識。「敏以求之」就是勤奮地求新知，求眞理，相傳孔子少時多方求學，希望彌補自己無法進貴族學校的不足。例如有一次，郯國國君郯子朝見魯君，孔子就把握時機向他請益，關於其遠祖少皞氏為何以鳥的名稱來制訂官制的問題。

有了「好古」之心，「敏求」之行，孔子才有如此了不起的成就，才顯得如「生而知之」一般。

…………

梭羅：眞正的知識只能靠理智的努力來獲取，不能靠記憶。忘掉別人教我們的東西後，我們才開始擁有眞正的知識。

…………

吾嘗終日不食，終夜不寢，以思，無益，不如學也。〈衛靈公〉

我曾經整天不吃，整天沒睡，專想一些空洞不切實際的道理，發現並沒有什麼益處，還不如實際去學習。

這是夫子的經驗之談。

曾經整天不吃，整夜不睡，苦思冥想，結果毫無長進，還不如本本分分、老老實實地學習，不靠學習來吸收，單憑大腦運轉，空機作業，不但沒有原料補充，潤滑劑也不曾傾倒，小螺絲釘都生鏽腐敗了，更何況是整部運轉中的機器。與其勞神費時地無意義思考，倒不如虛心向旁人學習。

《荀子・勸學》：「跂而望之，不如登高之博見也。」意思是說：踮起腳跟，伸長脖子眺望，還不如「更上一層樓」的視野來得多來得廣，接下來可能就牽涉到是否願意登高的意願了。暫且不論願意與否，只想告訴大家向高處、遠處瞭望的好處，乘著學習的翅膀，展翅翱翔，向歷史借鏡，看看偉人的遺跡對我們的幫助，前人的庇蔭、發展適足以造就現在的成績。觀察別人的言行舉止，拿好的榜樣以資效法，壞的作爲警惕，一切從學習出發。

當然夫子也肯定不是光學習而不動腦筋的人，有如此一則，是爲了告誡那些只知思而不學的人，同樣的叮嚀也出現在〈爲政篇〉：「學而不思則罔，思而不學則殆。」學與思不得偏廢，否則承載兩邊的天平不可能平衡，到頭來受害最大的仍是自己。

…………

牛頓：如果我比別人看得遠些，那不過是因爲我站在巨人的肩膀上。

…………

每事問。〈八佾〉

每事每物都加以詳問。

孔子終其一生都強調學習，從未擺出一副不學即能的聖人臉孔，關於這一點我們可以從〈八佾〉篇裡得到印證，以瞭解夫子對於自身要求的一貫性。

話說一日，孔子有機會進入魯國祭祀先祖周公的太廟，對於裡頭的器物、禮制無一不認眞研究，遇到有疑問的地方，頻頻向專家請教。此時有一個人冒出來，說了一句極具嘲諷意味的話：「是誰說鄹人的兒子很懂得禮節的？」瞭解孔子生平的人都知道，他並非出生望族，父親孔紇在地方上是個大力士，當然無法提升家族名望，一般出生卑微的人，聽到這番話是要打起來的，非爭個你死我活不可，孔子卻不，他僅說：「這樣就是知禮的表現。」

固然此篇著眼於孔子對於祭祀大典的恭敬謹愼，不過把「禮」字剔除掉，孔子所堅持的「每事問」就是他一貫的求知作風。最後仍值得一提的是孔子的態度，當時孔子雖已具備「知禮」的名氣，畢竟缺乏顯赫的家世，在當時社會，孔子的確不太受人重視，一句譏諷孔子能夠輕描淡寫一語帶過，自此雲淡風輕，此番修養絕非一般人所能練就，孔子已經超脫此一制限，懂得把焦點集中在太廟的禮制上，他已戰勝內心自尊，既要向人請教，「不恥下問」的原則還在，就不能只顧著自己惱火，而把要事丟在一邊。

好個孔夫子！

…………

愛默生：即使你有什麼偉大的稟賦，也不是你第一次召喚就會出現，除非經過再三努力，是不會輕易降臨的。

…………

吾十有五而志於學；三十而立；四十而不惑；五十而知天命；六十而耳順；七十而從心所欲，不踰矩。〈為政〉

我十五歲的時候就開始專心研讀學問，三十歲而能自立，四十歲能沒有疑惑，五十歲能理解天理循環，六十歲能聲入耳心自通達，七十歲就隨心性而為且都能合法度。

這邊要談論的篇章，相信諸位都是耳熟能詳，孔子為自己一生下了一個簡單的註解。志於學擺在人生的第一道關卡，通過了再進行下一關的試驗，生命也就跟著越加成熟圓融。

十五歲，應該是國中生的年紀，準備作未來升學或就業的打算，是求學階段中的一個小休止符，若要繼續往下唱，譜成樂章，此時的決定就具有關鍵性的考量。

一般而言，現在的十五歲國中生不見得清楚自己想要走哪條路，到底是高中好，還是高職好，目前萎靡不振的經濟指數，造成家裡諸多失業者，演變成他們似乎得把未來十幾年後的新興產業，會是什麼給搞清楚，要不然到時候找不到工作也是白搭，部分家長的確會灌輸他們這樣的觀念，所以他們顯得戰戰兢兢。「多元入學方案」之後，家長學生的選擇變多了，卻反而更無所適從，往年選科系決定學校，沒有那麼多的考慮空間，彈性變大之後，人們多餘的悠遊空間促使恐慌激增，因爲不確定性太多。

通常我的態度比較「鴕鳥」，不管怎樣先把分數考到再說，分數高相對選擇的機會增加，孔子的「吾十有五而志於學」同樣也是把立志向學擺在第一位，縱使兩者的目的不同，不過出發點正確了，爾後走到歧路的機率便能大幅降低。

托爾斯泰：學者知道很多書，有教養的人擁有知識與技術，但獲得啓發的人瞭解生命的意義與目的。

子曰：「予欲無言！」子貢曰：「子如不言，則小子何述焉？」子曰：「天何言哉！四時行焉，百物生焉，天何言哉？」〈陽貨〉

孔子說：「我不想再說話了。」子貢聽了問道：「夫子若眞不說話，那我們這些學生該拿什麼來傳述呢？」孔子言：「天又何嘗會說話呢？四時運行，百物生長，一切依歸自然，它需要再說什麼嗎？」

師生關係自古以來如父如母，扮演著衡量個人行爲準繩的角色。子貢在孔門裡也算是出名的學生，相傳弟子三千，有名氏可考者七十七人，若分以四科：德行、文學、言語、政事，子貢則以言語見長，曾四次與吳人交涉、一次和齊人折衝，都能不辱使命，圓滿達成外交任務。或許是想多充實語言上的長處，使它多所犀利，希望老師多講一些，學生才能吸收更多。（當然這純是我個人猜測，夫子話裡多是哲理，聽多了，對個人修養極有精進。）夫子一不開口說話，子貢急了，該如何從老師那兒挖到寶藏呢？沒想到咱們夫子更妙，舉了老天爺也不曾開口說話的例子，世間萬物還不是依時運轉，從無終止。這到底是什麼意思呢？

其實道理很簡單，夫子只不過要他的學生曉得「天理固難言而不必言，人事可言矣，而不必言也。」許多事不見得一定得透過某種已經特定、既成的形式，方能爲人們所知，太習慣外在制式化的東西，反而少了創見，少了可以靈活運用的東西，書也可以是「無書」，學問要能自己領略，不待他人教導，方稱得上眞學習。「大塊假我以文章」，俯仰之間皆學問。

托爾斯泰：眞正的智慧無所不在。

一以貫之。〈衛靈公〉

用道的根本來貫通萬理。

在學校裡教書難免會要求學生成績，而後變成了一種不成文規定，誰考不好誰就得加強，或者直接說該有點小懲罰以示警惕。通常面對一般資質的學生，背書、默寫不成問題，只要用心努力背，就可以完成；但有些學生基礎原先就不好，再加上疏懶成性，根本國字不認得幾個，還硬要他背書，那簡直要他的命。於是在「因材施教」理念的支持下，所謂的「補救教學」也就隨之區分：一般資質的學生就會緊盯著他，要他背到一定的程度爲止。若是後者，心態上變得不去勉強，要他們抄抄課文、練練字、做點勞動服務，也就罷了。

不同的教學心態和不同的學習態度在此區隔開來，而通常在班上一些所謂一般資質的學生，往往犯了一個毛病：上課不專心，桌上擺的不是課本而是參考書，考試前老抱著它不放，把裡頭的重點整理、題目當成救命仙丹，所以地理不看地圖，歷史不看年表，一時的結果可能不錯，不過眞要他來做統整的複習時，就缺乏完整的概念。

大抵現在孩子讀書已要求過多「投資報酬率」，應付每天堆積如山的考試，對策就是從有重點整理的參考書來「臨時抱佛腳」最快，如此一來我們又怎麼能夠冀望，咱們未來的主人翁會喜歡讀書，找到將學問融會貫通後的酣暢淋漓？

因此重要的是，讓孩子學會能夠對唸書以一貫之的道——一個正確的讀書習慣。

艾匹克蒂塔：每個人都知道，我們的習慣會因爲不斷練習而改善與加強。

多聞闕疑，慎言其餘，則寡尤；多見闕殆，慎行其餘，則寡悔。言寡尤，行寡悔，祿在其中矣。〈爲政〉

多聽，對於有懷疑的地方，先放在一邊再說，其餘無疑者，亦謹愼言之，說話就可以減少過失；多看，對於心有不安的地方，先放在一邊不做，其餘安心的，亦謹愼行之，行爲就可以減少懊悔。說話沒有過失，行爲沒有懊悔，所謂祿就在裡面了。

雖然孔子是在告誡子張爲官的道理，儘管還有許多未盡之詞値得討論，不過今天我們想把它掐頭去尾取中間，說說「多聞闕疑」的道理。

孔子強調要博學多聞，努力學習，對於有疑問處，應當暫且擱置在一邊，保持懷疑的態度，寧可延宕時間，也不能輕忽做出草率的結論。甚至對於那些似乎靠得住的部分，也需斟酌再三，這是做研究、求學問、傳播知識的認眞負責態度。

學問浩瀚，窮畢生之力也未盡可知，知識本身的「眞善美」，卻値得人類花一輩子的時間鑽研。求知是一項艱苦的試煉，尤其走向未知的領域，心裡沒個底，方向計畫都需要自己親身參與，前方佈滿荊棘也是硬著頭皮闖去。事實上不僅求知如此，只要你不是社會米蟲，只要正在做一份有貢獻的事，那麼就值得尊敬，縱使出發點與子張相同，求祿而已，亦不減損你曾經為此滴下過的汗珠，流過的淚滴價值。加油吧！

…………

莫伯桑：任何事物裡都有未被發現的東西，因為我們觀看事物時，只習慣回憶前人對它的想法。須知最細微的事物裡，也會有一星半點兒未被認識過的東西，讓我們去發掘它吧。

…………

夏禮吾能言之，杞不足徵也。殷禮吾能言之，宋不足徵也。文獻不足故也。足，則吾能徵之矣。〈八佾〉

夏代的禮制，我能夠說出來，可惜杞國所有的典籍太少，不夠拿來證實；殷代的禮制，我也說得出，可惜宋國所有的文物也不足以證實。都是因爲兩國的文獻不充足的緣故，如果充裕，我就可以證實了。

「足，則吾能徵之矣。」在從事教學的過程中才發現這句話眞正的含意。「教」與「學」的差異，是自己走上講台才眞正體驗到的，以往視考試爲畏途的學生時代，在現在看來反而輕鬆應付，考試有範圍，有標準答案，只要認眞準備想拿高分並不困難，書上白紙黑字一目了然，而且儘管試卷題目變化再多，總還逃不出課本的「如來佛掌」。

上了講堂，我搖身一變成了知識的供應商，台下一雙雙嗷嗷待哺，渴求知識的眼神讓我始終戰戰兢兢，深怕一個不留神講錯哪句話、哪個字，專業權威受到質疑。於是在上講台之前的補充資料就得一一準備，蒐集的過程中，我對知識學問的態度，不再只侷限於固定刻板的答案，而是旁徵博引，舉一就得趕緊反三，三常常不敷使用，四、五、六通通一起來，這還不打緊，這麼多「五四三」的東西，必須一項一項求證，找到相關第一手資料，細細閱讀，接著消化吸收，最後還得重新組裝整理一遍，歸結到一種適合國中生閱讀的程度，用他們熟悉習慣的語言講到他們瞭解為止。許多同是畢業之後當老師的大學同學，私底下聚在一起聊天時，常說道：「我是當了老師之後才開始會讀書的。」

……………

亨利喬治：有人開始先休息然後再努力，終至筋疲力竭，應先做好基本要事，有時間再顧附帶的東西。有人尚未奮鬥，先想勝利。有人先學最不要緊的，把能樹名立譽，有大用之事拖延到人生將盡之時。有人一發跡得意，就徒務虛榮。無論求知與生活，方法最要緊。

……………

朝聞道，夕死可矣！〈里仁〉

如果早上能夠體悟眞道，那麼，就是晚上死了也沒有什麼遺憾了。

哲人的生命果眞短促，即使只存活一天，也要悟得一個眞道。孔子以此來訓勉學生要努力求道，強調聞道即得歸宿，此生了無遺憾，縱使死去也得安心。

怕是現代青年學子誤解了「朝聞道，夕死可矣」的眞意，以他們最貼近的求學爲例，犯了急功近利的毛病，認定早上播種，黃昏時就得收割，明明今天要考的英文單字，昨天不認眞準備背誦，就只緊抓早上幾節下課時間，胡亂硬記一通，運氣好，考個八、九十分，自此以爲自己天才再世，不用特別用功，也可以得到不錯的結果，從此省下時間來看電視、打電動。積習日久，踏實、一步一腳印的優點，就不曾在他們身上出現，總是忽略背後必須要付出的心力。當然幸運之神不可能永遠眷顧，但願你遲早有一天會醒悟。

…………

康德：沒有人敢說他瞭解死後的世界，我們的信仰不是建立在邏輯證據，而是建立在道德證據。

…………

卷二

修身務本準則

當一個人的慾望被導引
流向知識及一切這類事情上時，
我認為他就會參與自身心靈的快樂，
不去注意肉體的快樂。

——蘇格拉底

不患無位，患所以立；不患莫己知，求為可知也。〈里仁〉

人不該爲沒有某種地位而煩惱，倒應該擔心自己憑藉什麼得以立足在這個地位之上；不該爲沒有人瞭解你而煩惱，應該努力去做一些值得別人瞭解的事情。

孔夫子這番話說來剴切，聽聞者當能領略到夫子此話說得有多重。捫心自問：存活於世我們拿什麼來讓別人知道、瞭解我們？

每一個人有多重角色扮演，同時，也許爲人子，爲人妻，爲人父，爲人師，當了幾十年工廠的作業員，做爲一間辦公室裡的負責人，每一種角色的背後，都有它應當做到的本分。

「無位」？怎可能無位？拿了這麼多「位子」，會有人連一「張」都沒坐到嗎？嘆無位之人，盼得或許不是這麼些個位子，大概是官位，是坐擁千坪豪宅的大位子。我們也肯定人向上求學位，謀職位的豪邁雄心，只不過擔憂這終日汲汲追求的過程，會不會因此忽略最原始的位子，失了最重要的本心？爲官者不愛好子民，爲子者不尊敬長上，爲父者不教導子女，將無以立足，也就是對社會無責任可言。

大多時候我們還希望能被其他人知道、稱讚，藉以肯定自我，甚或為了別人而活，在職場中、學校裡，極可能因為落人話柄而悶悶不樂，因為老闆上司沒有重用你而鬱鬱寡歡，夫子一直強調「不患莫己知，求為可知也」、「不患人之不己知，患不知人也」，安身立命的價值不在旁人身上，掌聲也不一定是別人才能給的。你覺得呢？

霍姆斯：我們佔據的位子並不重要，重要的是我們要去的方向。

不怨天，不尤人，下學而上達，知我者其天乎！〈憲問〉

我不怨恨天理命運，也不責怪人為疏失，只是從人事上盡力學習，日求上進，順應天命，能瞭解我的只有上天了吧！

近年來有許多天災人禍接連不斷地發生，讓我們流下太多傷心的眼淚，它比年邁病痛的親人逝去更叫人承受不住，原先還好端端的人怎麼說走就走，要是當初如何如何就不會發生這樣的悲劇，如果這件意外牽涉到人為疏失的話，善後的家屬恐怕還得加上詛咒肇事者，才能消去心頭之恨。

我也曾經是災難的親屬之一，當時是令台灣人民相當震驚的空難事件，雖然時間可以沖淡傷痛，但也僅止於沖淡而已，想起來心頭還是有一股難忍的痛，晚上作夢的時候還是會有他們的身影，是太想念了吧！已經記不得當時的狀況了，失事的原因現在想起來也沒什麼印象，當時我並沒有很在意事情是如何發生的，我只知道他們不在了，永遠不在了。認屍、索賠、善後事宜交給大人去處理，小孩子負責守夜、燒紙錢、折蓮花，偶爾也聽到大人們談起處理問題上的是是非非，不管是對的、不對的，小孩子也沒插嘴，默默的管自己的工作，只覺得大人的世界好複雜，若他們在天之靈，應該也不願意看到你們爭吵的樣子吧！人總在傷痛之餘，也忘了給往生者一個清靜的休息場所。

開始說起政府機關處理不當，相關單位應變措施作得不足，賠償金怎麼只有這些，一條人命值多少，最後索性怪起老天爺如何待人不公。悲痛是必然現象，一時間情緒理智失控，任何人都可以理解也都能任你撒野，不去計較，不過總有一種人存在，在「迅速撫平傷痛」之後，他便可以頭腦清楚地直指所有人的不是，在旁邊煽風點火，擾人視聽，而且很奇怪，他往往不是最親近的家屬。

當年九一一事件後，打開電視可以看到全體美國人，投入這場世紀災難的救援工作，即使不是身在第一線的民眾，也都自動自發，不分種族、黨派，一起走上街頭、教堂默默地祝禱著，沒有謾罵，沒有怨天，在心裡默默地升起一道美國國旗。

是否能讓情感不過份凌駕於理智之上，便是「不怨天，不尤人」的最佳表現了。

…………

托爾斯泰：如果兩個人相互憎恨，兩個人都有過錯。不論多大的數字，以零相乘後，答案都是零。憎恨所以會存在是因爲彼此都仇視對方，兩個人身上都存有憎恨。

…………

見賢思齊焉，見不賢而內自省。〈里仁〉

看見賢能的人就希望自己也能有相同的賢善，而見了不賢善的人亦問問自己是否有像他一樣不賢的地方。

想跟大家談談「見賢思齊」的可貴。

林黛玉身處富裕的大觀園中，鎮日專人伺候，有賈寶玉的關愛，有眾家姊妹的關懷，終究敵不過「心病」，她的心眼太細，一個聰敏慧黠的薛寶釵來到，成了痛楚。周瑜亦曾發出「既生瑜，何生亮」的慨歎，莎翁筆下的奧塞羅又何嘗不是如此，親手毀了鍾愛他的妻子和朋友。

當一個在各方面表現都比你還優秀的人出現，走到哪好像他永遠比你快那麼一步，能得老闆賞識，可討長輩歡心，等到在男（女）朋友眼睛裡讀到稱讚的訊息時，簡直快要發狂了，哪還顧得了千古名訓啊！不到一刻鐘的時間，嫉妒感頓時湧上心頭。

可見要靜下來體會「見賢思齊」需要極大的修養工夫，有人把他當成假想敵，竭盡心力與之競爭，暗地較勁，督促自己積極向上。不少人對韓劇〈愛上女主播〉的徐迎美印象深刻，她應該算是此種類型的代表人物，當然她的一些惡行惡狀絕不值得鼓勵，比較肯定的是她「見賢思齊」的決心。善用人性中存在的嫉妒性格，用得恰當足以更上一層樓。

…………

托爾斯泰：模範是再重要不過的事，好模範引導我們行善，如果我們以放蕩、激烈或殘酷的人做模範，便會摧毀我們的身心。反之亦然。

…………

吾日三省吾身：為人謀而不忠乎？與朋友交而不信乎？傳不習乎？〈學而〉

我每天必反省自己三件事情：第一，替人家做事是否忠心？第二，與朋友交往是否信實？第三，學習是否勤奮？

「我每天六點起床，六點半準時吃早餐，七點出門……」

「爲什麼這次事情我又搞砸了？難道我永遠都做不好嗎？」

「當我又在公車站牌看到心儀的白馬王子時，身體頓時僵硬。」

「電影：鐵達尼號。感人至深的愛情故事……」

如果是你，你準備用何種日記來記錄生活？

「凡走過必留下痕跡」生活定有軌跡可循，人們想要捉住那刹那的感覺時，可以藉由照片、文字、圖畫或者其他形式的東西，在心版刻下印記。其中最直接也最普遍的方法便是日記。小學老師想必很早就開始讓你練習寫日記了吧！除了訓練文筆之外，應該還有一個更形而上的目的：要你開始正視你的生活，一字一句拼湊出來的日記，縱使詞不達意，也是你自覺生活的第一步。等你再大一點，它，可能是情緒的抒發、快樂的記憶、重要時刻的見證，是生命中最私密的知己。要是再大一點，再成熟一點，它，可以從情感記錄的角色，昇華成自我的反思，像是遇到挫折時，不再只是激動喪氣的話語，先給自己來點掌聲，接著設定幾個改進方案，一步一步地完成。

歲月悠悠而過，即使走到盡頭什麼也無法帶走，但總可以選擇留下什麼的。

…………

奧理略：人應該坦然面對從生到死發生在自己身上的事，因爲世界與生存的目的盡在於此。

…………

巧言令色，鮮矣仁！〈學而〉

花言巧語，一副討好他人的臉色，這種人是很少有仁心的。

巧和令都是美好的意思。有人話說得很漂亮，臉上一團和氣，跟人交談時淨是堆滿燦爛如花的笑容，你覺不覺得每天身邊圍繞的都是這一類人呢？起碼有人要向你推銷東西時，他準是這種一號表情，到飯館用餐我們也會對服務生做如此期待，因爲誰也不想在花錢的同時，還得忍受劣等的服務品質。

另外以自己爲例，「巧言令色」似乎可以贏來更多好運，若是滿臉正經八百嚴肅以待，可能連身旁的人都會感染此一氣氛，心情好不起來。看來「巧言令色」不是件壞事嘛！行走江湖運用此計應該可以「打遍天下無敵手」，孔夫子居然對它嗤之以鼻，說他鮮有仁心，豈不怪哉？

當中必定有蹊蹺，而關鍵則在一個「眞」字。儀容、語言之美，任誰也無從拒絕，在適當場合自然流露，更能增添本身的質慧。可怕而且可悲的是那一心只想取悅他人，且缺乏誠意眞心之人，若再加上內心險惡，只爲私益，也許不僅害己也是害人。

…………

梭羅：傳達眞理的唯一方法是親近地說出來，只有可親的人說出來才會被聽進去。

…………

孔子於鄉黨，恂恂如也，似不能言者。其在宗廟朝廷，便便言，唯謹爾。〈鄉黨〉

孔子在父兄親族所在之處，態度溫恭，言語信實，像是不會說話似的。而在宗廟朝廷上講話，則侃侃而談，非常明辯，不過態度還是相當謹慎。

所謂「鄉黨」是指我們日常所居，下班下課休閒的地方，就是平常與家人朋友相處聚會的情況。卸下一天工作重擔之後，不管回家是一個人獨居，還是有家人迎接，都得以暫時解放，衣服可以穿得輕鬆，坐姿可以稍稍不雅，反正是以一種最自然、直接的方式呈現，衣著外觀算是小事，問題往往出在回到這種放鬆狀態時態度的拿捏問題。

有位先生來到輔導諮詢中心，抱怨自己壓力太大，事業家庭兩頭燒。白天應付客戶嘴臉還不夠，晚上回到家裡太太、小孩高分貝的聲音，簡直快讓他瀕臨瘋狂警戒，日子又怎能快樂起來？爲了找出「病因」，接連觀察他平日的行爲模式，發現他除了整天處於緊繃情緒下，言語上也有待改進，因爲明明可以放鬆的下班時間，他老兄偏偏嗓門拉大，氣焰高漲，想說好歹盡盡爲人夫、爲人父的責任，

「功課作了沒？拿來給我檢查」、「老婆，大樓管理費到底繳了沒？」弄得家人只好跟著抬高音量，幾天，幾月，幾年，惡性循環。

有一種人渾身上下散發一股和樂氣息、歡喜能量，讓旁人樂於與之親近，剛好這位先生不是，所以身邊的人滋味不好受，自己亦跟著受累，何苦來哉？休閒狀態並不代表一切情緒表達可以直接毫無掩飾，要修養自己，避免對最親近人造成最大的傷害。記住「於鄉黨恂恂如也」，情意、態度、言語，因時因地隨之做修正。

…………

邊沁：每個人快樂的程度恰和他帶給別人的快樂相等。

…………

奢則不孫，儉則固；與其不孫也，寧固。〈述而〉

奢侈的害處在不謙虛，儉約的弊端在寒酸。與其自大，寧可寒酸。

各位或多或少都接觸過台灣早期社會的老人家。我就常常觀察家裡的老祖母，雖然我的台語不太靈光，說起話來比手畫腳，但總能發現阿媽和我們這群年輕小輩，對於物質享受的定義大不相同。舉例來講：這錢要花在刀口上，非必要性的東西是不買的，像是手機、冷氣、加裝第四台，或者其他一切食、衣、住、行相關的物品，堪用的決不丟棄，能用的也不浪費，嘴裡絮絮叨叨談起以前的日子多艱苦，連一頓飯都無法飽餐。

今天的台灣當然不可同日而語，世界潮流的腳步，人類文明的發展已經迫使我們不得不改變，甚至鼓勵消費刺激生產，上一輩的人也不是不明白這層道理，只是苦過大半輩子，要從以前視物品為珍寶的時代走出來不太容易，所以看到兒孫們多有浪費時難免心疼。阿媽的哲學倒也沒錯，東西糟蹋了總是不好，為順應時代潮流，倘若有個「新儉約觀」，替節儉下一番新定義，想是更能敦促社會脈動。

「當用則用，當省則省」這個折衷辦法不錯。面對工作，我們要懂得精簡，善用時間物力，無形中省下不少社會資源。面對福利政策、公共建設，絕不偷工減料，僅爲了中飽私囊，不惜犧牲許多家庭的幸福，要眞發個大財，也毫無心安可言。

古有明訓「由儉入奢易，由奢入儉難」縱使兩者各有利弊得失，建議以儉約奉爲人生圭臬，若已經習慣奢華的生活，撇開浪費二字不說，待榮華富貴轉眼成空時，如何重新振作？

…………

托爾斯泰：當你有物品使用時，要記得這是別人勞力的產品，如果你加以破壞便是破壞別人的勞力，以及他們投入生產的部分生命。

…………

放於利而行，多怨。〈里仁〉

專依利行事，必招致許多怨恨。

放即仿效的仿，意思是按照。什麼事都依利而行，凡有利於自己的就去做，不利於己的就不做，所謂「人不爲己，天誅地滅」，行事先想到自己雖說是一般人的作法，終究利字頭上一把刀，結局若非遭到怨恨，就是連自己也埋怨起自己來。

那麼若是論到「公利」呢？同樣無法先行嗎？我的目的是爲了謀求群體的利益啊！總該沒人會反對吧！那你就錯了，凡事以「利」字爲出發點，想法、觀點乃至作法都以「利」爲優先考量，等到群體利益與自身利益相衝突時，也絕計不會退讓，勢必會把屬於自己的那份爭取到手，屆時爭執、紛擾鐵定少不了。你還想以「公利」之便滿足個人之私嗎？

把「利」字放下，假若心中沒有對它的那份牽絆，走到哪都會是海闊天空的境地，人最怕的就是心裡放不下。梁啓超先生說過：「人生最苦的事莫過於心裡背負著未盡的責任。」親情、愛情、友情這些情感上的牽掛，有時想來卻是一種甜蜜的負荷；工作、事業、學業這些職志上的完成，有時想來也是一番榮耀的昇華，唯有「名利」的羈絆，讓人無法眞正擁有自己，到頭來被它牽著鼻子走，一只陀螺轉啊轉的，也不知道爲了什麼，得到了什麼。奉勸諸君：學習作自己的主人而非名利的奴隸。

…………

塞尼加：有人認爲歡樂奢華才是幸福，但我認爲無所求才是至高的幸福。

…………

子路問成人。子曰：「若臧武仲之知，公綽之不欲，卞莊子之勇，冉求之藝，文之以禮樂，亦可以為成人矣！」曰：「今之成人者，何必然？見利思義，見危授命，久要不忘平生之言，亦可以為成人矣！」〈憲問〉

子路問完人之道。孔子說：「要有像臧武仲的聰明，孟公綽的廉潔，卞莊子的勇敢，冉求的多才，再加以禮樂的陶冶，也可以算是『完人』了。」孔子又繼續說：「至於現在所謂的『完人』，又何必要如此完美呢？如能見了利欲想到義理，遇到國家危險時肯犧牲生命，和人相約雖久仍不忘當時的話，這樣也可算是『完人』了。」

小時候常和我弟玩一種我稱之爲「記憶力大考驗」的遊戲，雙方先約定一個較長的時間，約定時間一到，一定要對方說出原本就約定好的那一段話，或做一個動作。譬如：下禮拜三要先跟對方說早安，否則就輸了，贏的人可以打輸的人三下。記得比較誇張的一次，是要在九年後的九月九日跟對方說：「對不起。」否則就要被打九十九下。嘻！結果，我贏了。原本只是戲謔的玩笑話，我和弟弟竟然認眞地玩了起來，等到看到孔子的「久要不忘平生之言」時，才又記起兒時往事。

在這裡孔子談論到一種完美的人格，何謂完美？智慧、清廉、勇敢、多才多藝是夫子認定的一種完美、全人，再者論到次一等，一般人能做得到的完美即「見利思義，見危授命。」要在利欲危難之時做出明確的抉擇，一種不枉爲知識份子的選擇。夫子在《論語》中一直不忘談到君子與小人的義利之辨，取義而捨利是中國儒生不能忘卻的基本信條。舉例來說，在《孔子家語・在厄》中就記載著關於曾參的廉潔，夫子對此讚揚不已。

曾子雖然德高望重，但經濟狀況一直處於三餐不繼、衣食缺乏的窘境，魯國君得知他的處境就賜給一處封邑，曾子堅決辭謝不受。有人問他：「你爲什麼不接受呢？是國君自己要給你的，又不是你去求來的。」曾子回答：「話雖如此，不過我聽說受恩的一方通常在施恩者面前矮三分，而施予恩惠的人又在受恩者面前高一等，縱使國君賜我封邑之後對我不驕，難道我對他就不氣短？」曾子是怕欠了別人的人情債不好還啊！

…………

歌德：人要追求完美。

…………

季文子三思而後行。子聞之曰：「再，斯可矣！」〈公冶長〉

季文子做事情前都要考慮三遍，然後才去做。孔子聽了之後就說：「何必三遍呢？能夠重複考慮一遍也就足夠了。」

常聽說「三思而後行」。原以為是古聖先賢，希望我們在做事之前一定要有縝密的思考計畫；「三」是指多數，也不一定要三次，照字面上來看，多於三遍應該比較保險，我想是鼓勵我們多想幾次吧！沒想到孔夫子對季文子的回答是：「再，斯可矣！」

程頤提出他的見解：「為惡之人，未嘗知有思，有思則為善矣，然至於再則已慎，三則私意起而反惑矣，故夫子譏之。」季文子是個處事詳審之人，宣公篡立時，季文子不加以討伐，反而為之使齊納賂，就是因為文子起了私心所致。孔子遂針對他的個性，給予他這樣的忠告。（倒也應證了孔子因材施教的功夫）

腦袋瓜一想到要做什麼事，必定有個先後次序。譬如買原子筆這種小事好了。先是想要買什麼樣的原子筆，幾支，多少錢，去哪兒買，然後帶了錢，穿好鞋，出門買筆。到了文具店，看一看，說不定最後你買的筆跟原本預計的不一樣。這一連串考慮生活瑣事的戲碼不斷地上演，一遇上大事要列入衡量的東西可就不會那麼單純，就連下決心也需要一番掙扎，時間延遲越久，付諸行動的勇氣相對來說越小。在腦子「峰迴路轉」的同時，搞不好，決定一而再，再而三地被推翻，或者一些奇怪的、醜惡的念頭一再地被包容，當作若無其事，那麼所呈現出來的行爲就會受到干擾甚至變形。

孔子替我們上了相當精采的一課，下次詳細的思慮二次後，就放手去做，免得失去了「行」的勇氣。

…………

沙迪：先想然後再說，別人說「夠了」，就要閉嘴。人優於動物是因爲人會說話，但如果人不懂得善用這項能力，那就比動物還不如。

…………

非禮勿視，非禮勿聽，非禮勿言，非禮勿動。〈顏淵〉

不合禮的不要看，不合禮的不要聽，不合禮的不要說，不合禮的不要動。

小時候，大人們總是這樣教我們「小孩子有耳無嘴」。意思是即使是聽到大人說什麼，我們也不該把它當一回事，更別提從嘴裡說出來了。言下之意把小孩視為一種尚未成熟的動物，不知道明辨是非，而且四處偷聽別人談話，還把它傳出去，更是一件不道德不合禮的事情。

中國人一向講究合乎禮節，合乎道統，我並非一個離經叛道之人，對於非禮範圍的視、聽、言、動，絕對具有捍衛意味，否則缺少規矩不足以畫方圓，社會腳步又從何步上正軌？

現下的社會狀態與以前相較，似乎多了不少彈性，加了許多個人主義色彩，強調身為人的獨立自主，要創新，要思維，沒有其他人可以幫你負責、下決定。個人的色彩變濃了，勢必會影響自我相對應於群眾的關係，它對於個人的掌控色彩逐漸刷淡，以往的「禮」的精神內容也有所更迭。結果是好抑或壞，利弊得失如何，對我們整體國情而言，是向上提升還是往下墮落，仍有待觀察，也或者答案見仁見智。舉個例來說，就婦女傳統角色的認知上，我們改革了不少，以前的女子是不能與父執輩同桌吃飯的，從一而終的禮，貞節牌坊的迷思，在最近的台灣電視連續劇裡被熱切探討著。

部分老舊的「禮」，逐漸式微的不計其數，新的「禮」亦重新建立。我們並非專家，能從這樣的變化裡歸納出結論，不過「禮」是社會約定俗成的產物，我們都是它的創造者，因此它是個活的東西，不需要被它綁手綁腳。

西方智慧：如果你開口說的盡是好話，這是世上再好不過的事；如果你開口說的盡是壞話，這是世上再壞不過的事。

樊遲從遊於舞雩之下，曰：「敢問崇德、修慝、辨惑？」子曰：「善哉問！先事後得，非崇德與？攻其惡，無攻人之惡，非修慝與？一朝之忿，忘其身以及其親，非惑與？」〈顏淵〉

樊遲跟著孔子遊於舞雩之下，問孔子說：「要怎樣才能德行高深，摒除惡念，以及辨明迷惑呢？」孔子說：「問得好極了！先把事情努力做好，然後自然能得到好結果，不問耕耘，只問收穫，不就是積高德行嗎？攻擊自己的惡處，不責備他人的罪過，不就是摒除惡念嗎？一時的憤恨就急忙跟人家拚命，忘了自己會連累到親人、朋友，這不就是迷惑嗎？」

這裡孔子提到如何修養心性的功夫，學生樊遲對「崇德」、「修慝」、「辨惑」有所疑惑特地請教老師。

我們先來看看什麼是「修慝」，這樣的字眼通常比較少見。「慝」字有兩種讀音，一個讀做「特」，意思是邪惡，另一個讀音是「逆」，相當於隱匿的「匿」。其實如果結合這兩者意義，「修慝」可以解釋成摒除心中邪惡，把心靈深處那躲藏在陰暗角落的惡念隱藏起來。接著孔子提出「攻其惡，非攻人之惡」的具體說法。

兩者之間有何顯著關連？「攻其惡，非攻人之惡」，有人將它解釋成要批判自己的邪惡，不要批判別人的邪惡，似乎與「嚴以律己，寬以待人」如出一轍，倘若從另一個角度思考，要是別人做了惡事，我們豈不是袖手旁觀，不去發揮社會正義了嗎？或者一個德高望重的人，整天東家長，西家短，難道又不損毀他的威名？

兩個問號出現的確值得我們深入思考。假設一個狀況，當你正在排隊買電影票時，前面有一個彪形大漢插隊，你會上前制止嗎？恐怕還需要考慮再三吧！要評估後果是什麼，如果把自己陷於不利的境地，大概百分之八十的人應該會說不。我們畢竟不是公平與正義的化身，「修慝」可以是內化成心靈深處的，攻不攻人之惡反倒成了其次的問題，對自己有百分之百的良知把握，無論行事做爲自然能遠離邪惡，既不會一味攻人之惡，也不會媚俗地不攻人之惡。

奧古斯丁：沒有一個人生來就是惡的，只是由於浸染了惡習的緣故。

一簞食，一瓢飲，在陋巷，人不堪其憂，回也不改其樂。〈雍也〉

顏回吃的是一簞的飯食，喝的是一瓢的水，住的是破漏的屋子，若換成其他人就忍不住這樣的苦了，顏回卻仍樂在其中。

都聽過莊子與惠施的妙喻，人是不是魚的問題，知不知道他快不快樂的問題，你是不是我的問題。說起來都覺得繞口，要去深究其中的問題看來也不容易，今天只挪用其中一小部分的觀念：我不是顏淵，自然無法體會他的趣味。魚人之間顯然不能互換，不過要是哪天遇到像顏淵這樣的窘況時，能不能同他一般，居破屋、住陋巷，三餐只能求溫飽的生活，卻感受到無比的歡愉？

腦海中如果開始勾勒顏回的居家環境，會是怎樣的景況？應該不會有豐富的物質享受，不過我猜想，雖則窮途潦倒，他仍然能夠保持環境的清潔，起碼跟我們印象中的貧民窟不一樣，要眞滋生蚊蠅、蟑螂、老鼠，聖賢人恐怕也難保心靈的澄靜。

對！就是這一點顏淵與常人不同，要是換做別人，早就爲柴米油鹽四處張羅了，哪還能氣定神閒地研讀詩書，不改他和樂心態。不是因爲他喜歡用苦行僧的生活來印證眞理，亦非習慣，只是內心始終保有一脈清泉流動，滌淨外在事物的塵俗，就算顏淵原本家財萬貫，他仍會做如此選擇——不改其樂的堅持。

蘇格拉底：一個人的慾望在一個方面強時，在其他方面就會弱，這完全像水被導引流向一個地方一樣。當一個人的慾望被導引流向知識及一切這類事情上時，我認爲他就會參與自身心靈的快樂，不去注意肉體的快樂，如果他不是冒牌的，而是一個眞正的哲學家的話。

棖也慾，焉得剛？〈公冶長〉

申棖這個人多私欲，哪裡稱得上剛強正直呢？

世界上眞正稱得上剛強正直的人，應該是要摒除私欲，否則何直之有？「剛」並非脾氣梗直，性情倔強，也不是整天一副道貌岸然的樣子，深怕旁人觸犯了他的剛強模樣。眞正的剛毅不屈要能通曉義利之辨，取當取，捨當捨，其實慾望的本身並非罪惡，也不該被消除，我們要學著如何去運用它，而非爲它奴役。

不妨看一則關於富弼的故事。北宋富弼任職樞密使時，恰值英宗剛繼位，把父親宋仁宗的遺物賞賜給滿朝文武百官，英宗特別在慣例外還賜給富弼財物，他卻堅決辭受，英宗就派太監來說：「這些東西都很微薄，不值得推辭。」富弼正色道：「不是禮物貴不貴重的問題，關鍵在於它是例外啊！倘若今天我眞的收下了，日後皇上拿其他特例的事情讓我做，我憑什麼拒絕他呢？」說得那麼理直氣壯，毫不矯情，不因特意討好皇上，就做了有違良知的事情，這樣的剛健不阿算得上是一個大人物。

愛比克泰德：至少投注一半的心力清除空泛的願望，很快你就會發現這樣做會帶來更大的實踐與快樂。

人之過也，各於其黨；觀過，斯知仁矣。〈里仁〉

人的過失有各種不同輕重厚薄的差別，而觀察他犯過的情形，就可以知道他到底有沒有爲仁的心。

這稱得上是識人的好方法，從他犯的過錯上，就可以看出他是屬於哪一種性情的人。我們先來看看典籍裡頭對於此還有什麼不同的說法。

比較特殊的是「黨」這一個字。第一種解釋是「類別」，程朱各家多採用此解，也就是某一種人大多犯某種類型的錯誤。舉個例子，《論語》裡頭有一則「君子常失於厚，小人常失於薄」，寓言當中一篇關於東郭先生的故事很能爲此做一註解。話說有一匹狼正遭到獵人的追捕，路上遇到東郭先生，馬上請求可不可以躲到東郭先生的書袋裡，先生一口答應了，等到獵人走遠，那匹狼馬上轉變語調，說牠現在肚子餓了，正好東郭先生可以讓牠飽餐一頓，要不是獵人聞聲火速趕來，把那匹狼殺了，東郭先生早成了腹中物。東郭先生就是因爲過於仁慈，「失於厚」，老好人一個，才落入陷阱。不過他所犯的錯誤比起凡事「殺人不眨眼」的大惡人，可謂大相逕庭。

第二種解釋是「族親」，漢代鄭玄即採用此解。他認爲社會上存在太多「包裝精美的產品」，每一個人來到社會工作，無一不是客客氣氣，即使內心不爽快，也得想盡辦法隱藏起來，離自己眞實面貌還是有段差距，所以要觀察一個人的原始性格，從他在家的小毛病便可略知一二，究竟是敦厚仁慈還是自私自利，一目了然。

…………

托爾斯泰：即是人，就會犯錯，怕犯錯的人是永遠做不成事的，因爲只有不做事才不會出錯。

…………

士志於道，而恥惡衣惡食者，未足與議也！

〈里仁〉

士人若能立志於道，自然好極了！但若仍以自己的惡衣惡食比不上別人而爲可恥，那麼他的心仍在物欲上，怎能談論道的精神呢？

比較，乃人之常情。學生比成績，媽媽們比先生、小孩的成就，朋友間比手機樣式誰的新穎誰的酷，老闆之間比誰的房子大、車子好、會員卡多，有人戲謔今天是個「笑貧不笑娼」的年代，而追求短暫的感官上的刺激，頓時成爲時下潮流。不管身上有錢沒錢，信用卡先刷了再說，所以網路援交、搖頭店，隨便問問青少年朋友他一定聽過，可見得背後的文化衝擊已深深牽動他們的心。

把心念過度擺在物質慾望上面，對個人道德心性的修養有相當比例的損害，一心難以二用，更何況兩者都屬極端的兩邊，放在天平上，孰輕孰重哪能衡量得準。難不成古今中外得道之人都過著苦行般的生活嗎？非得在惡衣惡食中才能悟出眞道？孟子云：「天將降大任於是人也，必先苦其心志，勞其筋骨，餓其體膚，空乏其身，行拂亂其所爲，所以動心忍性，曾易其所不能。」或許眞是由歷代諸多聖賢豪傑身上歸納出來，「舜發於畎畝之中，傅說舉於版築之間，膠鬲舉於魚鹽之中，孫叔敖舉於海，百里奚舉於市。」

越是艱困的環境越能顯現出我們逆流而上的勇氣，總會想放手一搏，不能就此輕易放棄，歡愉安逸的氣氛日久，心隨之悠閒，悠哉悠哉的，把握住此刻的美好都來不及了，哪裡還想到創新、修養、得道？「至於道」需要時間體力的磨練，不可能不付出就能夠順從心意，又還能把心撥到其他物質慾念上，而得以維持原本的心性面貌，那是前所未聞的。

…………

托爾斯泰：人只有眞正從肉欲物質的世界解放出來後，才會瞭解眞實的生命方向。

…………

古者言之不出，恥躬之不逮也。〈里仁〉

古人之所以少發言論，就是怕來不及實行，反而可恥。

這裡孔子大概旨在借古諷今。當時夫子所處的春秋時代，社會風氣已大不如上古三代的樸實純厚，人們總喜歡誇大其詞，所以孔子懷念起古人那種「恥躬之不逮也」的情操。

在此我們也做一個澄清，並不是古人認為諾言不可立，大家全都閉上嘴巴，關鍵在於去做。話用說的不過幾秒鐘的時間，去實踐這個承諾才是眞功夫，這是一個誠信原則，「徙木立信」、「曾子殺彘」的故事朗朗上口，當中的精神我們也都懂，放到現實生活裡頭卻不見得能辦到。從事教育工作尤其發現其中的重要。小孩子是很聰明的，老師哪天一忙忘了今天原先要檢查的功課，他們馬上知道鑽法律漏洞，該做的沒做，該寫的沒寫，當老師一把誠信原則丟掉，結果自然浮現，因為要花更多時間來盯他們的功課。

曾經在書上讀到一則報導，它說：人們常犯一種毛病，會用語言的意象替代行動（行為）來自我滿足。譬如：街上兩個人打架，吃虧的一方通常會嚷嚷說：「下次就不要被我堵到，否則我就扁你。」這回都對他無可奈何了，下次又能如何。同樣許多愛說大話的人也是靠著大言不慚度日，下定決心要達成什麼目標，像是學生段考過後的反省日記一定寫著：「我要努力用功，下次一定考好，不讓師長失望。」結局是美景勾勒太美，安慰一時的情緒之外，就也不了了之。

如果不想再被自己編織的美麗謊言繼續欺騙下去，開始振作吧！人生雖然有夢，也得築夢踏實。

…………

卡萊爾：想阻止一個人做某件事，就要求他對這件事多表示意見。話說得越多，採取行動的欲望越小。

…………

以約失之者，鮮矣！〈里仁〉

人若能儉約，自然能減少過失。

有沒有一種很累的感覺？公司裡紛擾不休，還來不及做完的事，只得又拖到明天。今天又挨老闆罵了，也不知道自己哪根筋不對，明明很簡單的事到了手裡居然還是只有搞砸的份。擔心小寶在保母那兒過得不好。昨夜下了一場大雨，辦公室的窗戶不知關了沒？放在邊上的公文不會就濕了吧！就連扭開電視機，美國阿富汗如果開打，第三次世界大戰就要來了。心裡咕噥咕噥，腦子翻來轉去，就是一刻不得閒。唉啊！放過我吧！

自討苦吃。誰讓你的日子過得這麼辛苦？腦容量有限呢，眞統統把這些東西塞進去，還有什麼剩餘的空間可以好好來關心自己。體力上的疲憊，心智上的勞累，我們都曾碰到過，再如何的辛苦，都比不過這樣一連串的繁雜事務的轟炸。

試試留白的藝術，過過儉約的生活，已經有不少人這樣做了，開始掌控周遭環境，不管是物質上、精神上的，都拒絕有太多垃圾來干擾，清除廢物後的空檔，便可以再回收、再利用，擁抱大自然，一個人安靜的吃飯，冥想，打坐，練瑜珈，任何想做願意做的事都可以，不僅幫助減輕壓力，還可以讓心境沉澱，減少個人自我否定，增加讚賞肯定的部分。人與人之間的衝突紛爭，會因爲心底的留白而預留不少禮讓的空間，不久，就會發現喜歡親近你，你也喜歡親近的人變多了。

康德：工作後的休息是最好與最純粹的喜悅之一。

不貳過。〈雍也〉

不重複犯第二次的過錯。

貳是再次，是對自己的過錯能徹底改進，決不再犯的意思。

魯哀公問孔子：「他的學生當中誰最好學？」孔子除了回答顏淵之外，還附帶提出他的兩種性格：一是不貳過；二是不遷怒。顯然孔子對於顏淵相當讚賞，可惜顏淵不幸英年早逝，得意門生竟比他還早離人世，只有不勝唏噓！

一生當中誰不犯過錯？但看「過」的大小罷了，當然不是「過小」就等閒視之，「過大」才加以警惕，「過小」不改日積月累，恐怕就不是「錯」而變成「習慣」了。甚至有極大多數的人一輩子都在犯同樣的錯誤，或許執迷不悟，渾然不覺，也可能缺乏勇氣，無法向自己低頭。可見知錯先是一難，肯改又是一難。

從小「周處除三害」的故事就耳熟能詳，周處不僅用自己的勇猛替村人除了兩害，更下定決心連自己也連根拔起。這就是他了不起的地方，雖然要改變之前村人對他的壞印象並不簡單，他仍然不怕，克服難處，努力去做，結局是他後來成爲大將軍，力戰沙場而死。細觀現今社會有不少像周處這一類的「更生人」，需要更多機會、自覺來改過，偏偏使旁人再次相信他們的過程，往往比以前做錯事所付出的代價更加艱辛。

莎士比亞：爲過失辯解，那麼過失就會更醒目。

不遷怒。〈雍也〉

不因自己本身的怒意而轉移在外物身上。

接著談談「不遷怒」。

我有一種壞毛病，常常因爲自己情緒低落使得面容陰沉，旁人看了不免關心問說：「你怎麼了？心情不好啊？」學生們甚至覺得老師又哪一根筋不對了，還是少惹她爲妙。遇上眞的很生氣的時候，我還做過更糟糕的事，摔門、砸東西（當然東西不會太貴重，像手機，或易傷人的玻璃物品，絕不在我的發洩清單之內，自以爲充滿理智。）事過境遷，心情居然好了不少，卻苦了身邊的人，如此激烈的舉動，雖說只敢一個人關起門來獨自宣洩，不過家人多少會受到波及，他們完全不明就裡，何其無辜！

對於顏淵能夠做到「不遷怒」的功夫，我的確深感佩服，他很清楚地知道：此怒氣在物不在己，故不遷。怒於甲者，不移於乙。眞正修養心性，妥善控制進而管理情緒，使它不致造成自己的心理負擔、壓力，更不會引起旁人的恐慌。

期許自己能夠徹底改正，於是寫道：遇見低潮時承認它的存在，不急著將它趕跑，深呼吸放鬆，做做其他有趣好玩的事，轉移對它的注意力，也可以同朋友聊聊天，或者跟自己說說話，找一點別的事情來肯定自己，把低潮一點一滴慢慢釋放，讓它不至於像雪球一樣越滾越大，到最後無法收拾，任它砸毀「心園」。

塞尼加：對別人好就是送給自己最大的禮物。

非其鬼而祭之，諂也。見義不為，無勇也。〈爲政〉

不應當祭祀而祭祀，那是諂媚啊。應當做而不做，是缺乏勇氣啊。

「非其鬼而祭之」，此話怎講？中國人的鬼神信仰根深蒂固，每遇到該祭祀的日子，焚燒的紙錢數以萬計，平常香火鼎盛的寺廟前，就聚集不少善男信女磕頭祈禱，許的願望大小不一，有的求個平安健康，有的婚姻大事、事業學業、錢財能求的都向老天爺要了，於是備上鮮花素果，燃香跪拜，每個人心中有不同的想望。

其實「心誠則靈」，而且往往成敗在己，祈求變成是一種心安的儀式，你知天知地知，是一種無聲的默契，只要知道老天爺會在遙遠的那一方保佑你就好。這是很單純的祭祀，倘若換個方式，向鬼神祈求的內容別有目的，非要祂們幫你完成什麼願望不可，事成之後勢必重重酬謝，已逼近「非其鬼而祭之」的地步，完全媚神明而廢人事，忘卻人世間理應擔當的責任、工作。

二十幾年前台灣社會流行過好一陣子的「大家樂」，當時諸多民眾以解明牌爲樂，尤以一般家庭主婦最爲熱中，自己沒出去工作，要是中個幾十萬塊全家上下不就可以享樂了嗎？隔壁王太太把兒子的考試分數當作這一次的頭牌號碼，對面李媽媽更妙，昨夜裡作夢的情景自己胡亂拼湊，居然也成了數字簽在此期帳上，各大小廟裡擠滿了等待求牌的人們，抽籤詩也好，看香灰形狀也罷，扶老攜幼全台無一不是籠罩在一片賭性堅強的瘋狂氣氛裡，而最近幾年的大樂透又炒熱這股「明牌風」。

會成功嗎？可能有吧！但爲數不多。極盡一切諂媚之能事，換來的可能是更多的扼腕與悲傷吧。

米爾頓：任何人的生活方式都取決於他們的信仰，信仰會隨著時間變得更單純、明確，更接近眞理。而信仰的更加簡化與明確，則使人變得越加團結。

道聽而塗說，德之棄也！〈陽貨〉

在路上聽到一句話，就四處向人說去，這樣的人是他自己放棄道德的啊！

有些人的嘴管不住，喜歡在背後道人是非，這還不打緊，可怕的是根本空穴來風，憑著三寸不爛之舌，死的都給說成活的了，一句成語「道聽塗說」。他們的特點就是不去查證事實的來源正確與否，就妄下斷語，甲說給乙聽，乙講給丙聽，一傳十，十傳百，很早以前有個挺有個人風格的口香糖廣告，一句「貓在鋼琴上昏倒了」的台詞傳遍大街小巷，意思就是謠言的可怕。

有的時候這個社會必須製造一個假象，可能是爲了包裝一個商品、一位偶像歌手、一位政治明星，他必須使用一層又一層的技巧手法，凸顯產品的優點，盡量虛虛實實，眞眞假假，讓消費者在廣大的新聞話題裡開始崇尚此商品，眞正的目的並不完全界定在混淆視聽，只是爲了推銷商品的方法之一，造成一股有力於行銷管道的流行。

所以「喂！我告訴你，某某某的最新專輯很好聽趕快去買。」「某某產品很可愛喔！」如此蔚爲風潮，創造商品的人一定很喜歡這一類的「道聽塗說」。這還算好的，外來的資訊衝擊，頂多是自己荷包看不住，或者喜好的轉移，純屬個人行爲，較令人鄙夷的是你的「道聽塗說」裡還夾雜著對別人的是非批判，爲自己的私德起了害處。話傳來道去，有人認爲止於智者，那是因爲智者懂得判斷，而非一味地相信，甚至糊裡糊塗地把它當成茶餘飯後的閒嗑牙內容，殊不知對當事人已造成無形的傷害，絕不能因爲他不在場，就以爲沒有傷害。下次記住，當我們把一根手指頭指向別人時，仍有四根指頭指向自己。

…………

果戈里：要傾聽辯論，但自己不要太過介入。

…………

人無遠慮，必有近憂。

〈衛靈公〉

做人行事若沒有遠大的思慮，必定有眼前的憂患。

很多人在颱風來時，心裡急，嘴裡罵，加上一句「我活了這麼大，還是頭一次遇到淹大水」，手邊停不下來的卻是持續的清理家園的工作。以前小時候最喜歡放颱風假，全家人不用上班，一塊兒窩在家裡看著外頭風雨大作，有一種溫馨安全的感覺，守著電視機看的也不是災難報導，反而是租來錄影帶看個過癮。就連停水停電我們小孩子也視爲偶然的新鮮事，點蠟燭、吃泡麵自有一番情趣。

其實台灣人已經開始學習從挫敗中記取教訓了，幾乎每年一次的大災難，頻繁的次數，接二連三的慘狀早就不容許我們掉以輕心，以往安居樂業的日子彷彿隨時會有不定時炸彈投下似的，大夥學著不再奢望，人平平安安就好，這就是我們最基本的要求。

如果還不是損失太嚴重的受災戶的話，應該還有時間、電力看電視，讀報紙，就可以發現有太多相關政府單位會在風災過後進行亡羊補牢的工作。像是要把抽水站高度提高，以免大水奔來，水還沒抽自己倒是先淹了起來。

一連串的檢討聲浪民眾早已習以爲常，「九二一地震」、「桃芝颱風」過後各個類似的會議召開不下數十個，學者專家、政府官員、新聞媒體無不忙得焦頭爛額，四處奔走，問題癥結還在尋找，解決方法尚未有著落，所有的對策永遠跟不上大自然反撲的威力，永遠欠缺一份對大自然的尊重。所以亡羊補牢的故事匆忙演出，接著匆忙結束，如果牢籠事先缺乏堅固完整的結構，羊跑得掉，連一隻蟑螂也關不住吧！太多災難了，我們已經輸不起，也實在不知道我們還輸得起什麼。

…………

托爾斯泰：人如果能夠瞭解存在於自己行爲中的惡，他所體會的快樂與自由，便可以讓他可能面對的不幸顯得微不足道。

…………

眾惡之，必察焉；眾好之，必察焉。

〈衛靈公〉

就算每一個人都討厭他，也一定要先觀察這個人的行爲舉止；即便每一個人都喜歡他，也一定要先觀察他的行爲舉止。

這句話說得很明白，瞭解一個人不簡單。

人有很多面向，正經的時候一面，私底下可能有搞笑幽默的一面，公眾場合的時候一面，待在家裡的時候又是另一面，不爲人知的小毛病一大堆，就像老媽常唸你的那一些，東西亂扔，衣服不收。以上算是正常現象，稱不上「精神分裂症」，因爲隨著外在情境轉變，人會主動調整內心狀態，與之協調，企圖融入當中氛圍。所以這些外顯行爲，有時並不代表一個人眞正的樣子，當然人又不是魔術師，隨時隨地都能隨心所欲，變出自己喜歡的模樣來，他還是有自己獨特的既定的性格存在，如果在某些情況下他改變了，比較可能的解釋是這個場合需要僞裝，在新朋友面前或是上司跟前。

因此同一個人相處需要長一點的時間才行，「路遙知馬力，日久見人心」，久了才能瞭解一個人的性情如何，講得通俗一點，「狐狸尾巴才會露出來」。問題來了，哪天碰上一個人人都說讚的人，幾乎完美無缺，別人都那麼肯定了，我還需要多觀察什麼嗎？答案是當然要，爲什麼不？人與人之間的關係如何除了靠機緣以外，兩個人磁場會不會一致，合不合彼此的心意，都列入觀察重點。人基本上相當主觀，別人覺得好的，不盡然適合我，那個人身上的缺口說不定和我身上的缺口兜在一塊兒，還能勉強湊成一個圓呢！

《法句經》：很多人都想以別人作爲榜樣，但首先要仔細思考這個人是否值得做追隨的榜樣。

孟之反不伐：奔而殿，將入門，策其馬，曰：「非敢後也，馬不進也！」〈雍也〉

孟之反不自誇功勞：當軍隊撤退時，他主動殿後，等到快要進入城門之時，就鞭他的坐騎，說：「我並不是想殿後，只是因爲馬不肯前進罷了。」

這裡的「殿」蠻有意思的，書上記載它是一種在戰敗軍隊的後頭，護衛其餘殘兵的功勞。後來的人在解讀孟之反的故事時，難免有個疑問：還說不居功，明明在進門之前還大聲嚷嚷「非敢後也，馬不進也」，深怕別人不知道最後一個進來的是他，這就叫做「欲蓋彌彰」，假裝遮掩反而更顯張揚，根本是種詭詐的伎倆，不值得孔子讚揚。他的想法也不是不無道理，只是如果當時孟之反的心態眞的擺在謙虛上，那後人豈不是曲解他的美意？

這件事倒給了我們一個啓示。「本自有功，而故掩之」易陷於矯情造作，誤解本意的人相對也不少，差別就在一個「故」字，要做得眞心誠意，發自內心，用行動證明並非沽名釣譽之人。最要不得的人是僞裝成救世主模樣，把行善積功德視爲妝點門面的工具，如此就算不居功我們同樣嗤之以鼻。

……………

沙迪：讚美自己的人看不到自己以外的周遭事物，寧可當個瞎子，也不要只看到得到自己，見不到別人。

……………

君子周而不比。小人比而不周。〈爲政〉

君子與人交往普遍公平、一視同仁，小人與人相處往往偏私迎合。

「君子」在《論語》當中佔了很多篇幅，每與「小人」相對出現，宛如勢不兩立的仇家，即使相望也虎視眈眈，眞不知道若依「君子」之量，是否容得下和「小人」同桌而食、同床而寢，不過在《論語》裡頭他倆倒像孿生兄弟般地同進同出，我想「小人」心裡會比較不平衡吧！因爲每次他都是扮演負面的角色。

先不管他們心裡是怎麼想，我們比較希望知道孔夫子，在「君子小人」的篇章裡想要告訴我們什麼樣的大道理。先從此篇開始。

周是普遍公平的意思，比是偏私迎合。兩者雖然都有與人親厚的意味，不過對象稍有不同，君子親厚天下人，小人只親厚自己的朋友、黨羽。出於公義之心，則能「泛愛眾而親仁」，視天下爲一家，自不會做出損傷天下人的惡事來。若出於私心，相互結黨，互通有無，彼此氣味相投，腦子裡想的淨是如何增進群體利益（有時候以自我利益爲優先考量），無關乎群體以外的人。

論起其中的實踐綱目，便會發覺社會上已經有不少人正在這麼做了，只是不太想讓別人知道而已，有時候藉由新聞媒體的報導，他們會驚鴻一瞥地出現在電視銀幕上，然後面帶靦腆的微笑直說沒什麼，即使是捐出一筆爲數可觀的畢生積蓄，也只說因爲這些錢可以幫助其他更需要幫助的人。

至於「比」，觀其字形像畫了兩個相同方向的人，有用在「比翼雙飛」的「比」，也有用在「朋比爲奸」的「比」，同一個字講起來有不同的「味道」。且不論是濃情蜜意的的夫妻或者狼狽爲奸的友伴，關心的範圍仍舊侷限在人際關係的小圈圈裡，圈子裡要是做壞了，落得沆瀣一氣，更不會有眞正的公義之道可尋。

…………

托爾斯泰：當自己處於別人的立場時，我們對別人嫉妒與憎惡的感覺會逐漸消失。當別人處於自己的立場時，傲慢與自以爲是的的感覺也會大大地減低。

…………

君子矜而不爭，群而不黨。〈衛靈公〉

君子莊重自持，不肯與人爭執，交友處眾，也和和氣氣，不會結黨營私。

矜，莊重持己。無乖戾之心，故不爭。果眞有德之人無所爭嗎？我們推斷一個待人和和氣氣的人，跟親朋好友相處融洽，自不會隨便與人發生爭執，君子也是有原則性的稜角，內心剛直方正，外表不會圓滑隨順，有自己的道德標準，爲什麼說君子不爭呢？因爲他確實不爭那些雞毛蒜皮的小事。

忍不住又要說一個故事，前幾天參加朋友的喜宴，正當大夥熱熱鬧鬧敬酒、吃飯的時候，有一位「場外人士」拿著一大袋選舉宣傳物品來到會場，每桌每桌，一人一個地發放。輪到我時，我很禮貌地說聲：不用了，然後他第二次仍堅持拿給我，表示裡面是牙籤，我還是堅稱不需要。心想：我並非此地區的選民，拿了它對我並無意義，他還可以拿給下一個需要的人啊！沒想到等他走後，我馬上遭到其他人的責難：「拿一下又不會怎麼樣。」「他很辛苦耶！用不著當面拒絕他吧！」原本就因爲被他突來打擾，心情稍微波動，又加上這些批評，頓時愣了一會兒，回家之後想了想，怎麼我沒有拒絕的權力？

到底我算是「矜而不爭」還是「群而不黨」？

一般人是隨眾的吧！路上的宣傳品不在少數，會拿的人也不少，憑個人感覺，不過我倒覺得這是私人的事，犯不著爲此責怪任何人。

…………

叔本華：務必與人維持親和的關係，如果你對人不親切，你便未盡到你的主要義務。

…………

君子求諸己，小人求諸人。

〈衛靈公〉

君子所爲以自身修養進德爲目的，小人所爲則相反，專以富貴榮華爲目的。

君子與小人的區別，若從內心道德的追求來看，君子向內求於己，小人向外求於人。

孔子說：「我欲仁，斯仁至矣。」「我」與「內心的我」站在同一陣線上，不論外在條件、社會環境如何變遷，個人的價值判斷依然受到自己的控制，有絕對的權力決定今後自己何去何從。富貴不能淫，威武不能屈，自己心裡這樣想，於是乎外顯行爲便是如此，沒有一絲勉強，一點矯揉造作，以西方學者的口吻，正恰恰符合「自我實現」的信條。

西方心理學家馬斯洛，提出過一個「需求層次理論」，整個需求層次就像金字塔一樣，由低而高分別是生理需求、安全需求、愛與歸屬需求、尊重需求、知識需求、美的需求、自我實現需求，顯然人在滿足基本需求之後，他會想要往上追尋，希望愛人與被愛，贏得他人的敬重，接著肯定自我價值，最後目標求其自我實現，將個人自我導向的潛力發揮出來，並朝向一個眞善美的理想境界。

舉一個簡單的例子，比方說在路上看到一大顆會妨礙交通，影響行車安全的石頭，有人會順手把它移開，免得下一個經過的人遭殃，這樣就是一個好人、一個君子。另一種人不但不幫忙移走，還幸災樂禍起來，想像別人在這兒發生意外的窘況，或者看到有認識的人在旁邊，想給對方一個好印象，這種人便屬求諸人的小人了。

把心裡意志化成行動的過程，多少會受到周遭環境的影響，有時驅使自己不得不向環境低頭。不過孔子始終堅信，心中的善端雖一時會被其他意念遮蔽，但只要能發一警策，反求諸己，仍然能夠達到理想人格。

…………

愛比克泰德：對賢人而言，財富、榮耀與世上的報酬恰如路上的甜點或空殼，讓孩童爲撿拾這些東西而爭，讓別人親吻富人、統治者以及他們僕人的手。賢人視所有這些都是空殼。

…………

君子不重則不威，學則不固。〈學而〉

君子自己不莊重就沒有威嚴，所學也無法堅固。

自己不莊重的結果，首先喪失令人肅然起敬的威儀，再者即使學了聖賢之道也無從固守。這裡大大凸顯了一個「重」字。儀態要莊重，思慮要敏銳，行事不可輕率、隨便，古之學者將「重」視爲君子的行爲準則，所謂執事敬，事思敬。知識份子是社會的表率，輕浮傲慢的態度絕不可取，否則無法服眾望、定社稷、平天下。

拿到現代生活來看，每一個人起碼都能識字唸書，對於「士大夫」的概念漸趨模糊，十年寒窗苦讀有之，要逼迫自己走上仕途倒算少數，大部分的老百姓以安居樂業爲第一要務，爲民喉舌的工作，要眞有理念抱負再去做吧！現下的著眼點放在「重」的訓練，先從有規律有計畫的生活開始，可以讓一切步上軌道，凡事可以不用驚慌失措，臨到頭了，連方法步驟都還沒找到。早上從容出門，有時間享受一頓美好早餐，早點完成老師、上司指派的工作，可以有閒暇時光翻小說、看雜誌。把日子過得簡簡單單、清清爽爽。

輕浮急躁的個性改過之後，「重」的訓練還可以逐漸擴及與他人的關係，守信實，重然諾，一言一行，一舉一動忠信也矣。本身的氣質、氣度漸次提升，不需別人望之儼然，自己也會覺得有一股氣在五臟六腑內徘徊不去，不知不覺「自重」起來。

托爾斯泰：人大多輕視其所瞭解之事，而敬重其所不解之事。事物欲獲珍視，必須難解；人對你百思不解，反會以爲你高人一籌。欲得尊重，可使自己顯得比眼前與你打交道的人所想的更明慎、更多智。

君子坦蕩蕩，小人長戚戚。〈述而〉

君子內心舒泰安適，小人常憂戚不安。

坦蕩蕩，內心光明磊落，行事作爲絲毫沒有可隱瞞之處。戚，憂慮也，這樣的人常常爲了一些雞毛蒜皮的小事擔心。程頤說：「君子循理，故常舒泰。小人役於物，故多憂戚。」中間的差別在一個「理」字，兩者眼界遂不同。

有一個經驗與你分享。

因爲我當你是一個素未謀面的陌生人，可以盡情吐露我的心事讓你知道，而不怕被人笑話，希望你在讀完之後可以給我一些建議。近日發現自己的ＥＱ很低，情緒很容易潰堤而出，氾濫成災，波及無辜，明明可以用更理性的方式，來解決問題面對情緒的，我卻採取糟糕的表達手法，結果場面鬧得尷尬。我很想有一種訓練，可以助我築一道溝渠，使一時洶湧的潮水有流散的管道。

事情總是發生在我在消費時。大部分時候買東西是愉快的，可以滿足自己的欲望，可是當碰到態度不佳的老闆或服務員時，心情多少會受到影響，像我就瀕臨幾近發飆的地步。話說有一次與一位接待小姐約好晚上七點洽談，我比預定時間早了十分鐘抵達，一開始小姐請我等待，因爲她正好有一位客戶需要接待，等到七點二十分仍不見有其他接待人員過來詢問我的需求，他們笑瞇瞇地從我身邊走過，只給我兩個字「等待」。結果我的缺乏耐心促使我開始發火，心裡想：「憑什麼我要在這裡浪費時間？」立刻擺起臉色對服務人員表達我的不滿，雖然該公司經理已前來關切，接手了我的服務項目，但在我被服務的過程裡，絲毫感覺不出她的善意與專業。

結論是我們很容易落入「得理不饒人」的狀況，當眞理站在我們這一邊時，變得很會據理力爭，而爭的這個眞理往往是自己以爲別人不以爲然的眞理，爭執點於焉產生，何不學學當個光明磊落的君子呢？不把別人的錯處放大，「理」字擺中間，外界一丁點的干擾都不至於影響自己的原則。

想通這一點心裡才會海闊天空。

賽內加：當你怒火中燒，想要擺脫自己的憤怒，最好的方法是停止下來，不要做任何事，不要走路，不要移動，不要說話，如果你的身體或者舌頭在這個時候有所動作，你的憤怒還會燃燒得更加炙熱。

君子有三戒：少之時，血氣未定，戒之在色；及其壯也，血氣方剛，戒之在鬥；及其老也，血氣既衰，戒之在得。〈季氏〉

君子有三個必須戒除的事：年輕時，血氣還沒壯盛，應該戒除色欲；等到壯年時，血氣正當剛強，所以要戒除爭鬥；等到老了，血氣衰馳虛弱，就該戒除多欲貪得。

清晨，旭日東升，天空才泛起一絲魚肚，城市就開始噪動起來，各種聲響、各式匆忙走動的人事物，活潑潑的。來到正午，陽光正熾熱，灑在身上的光線刺刺刺，會燙人，剛忙碌了一早上，車水馬龍的景象該歇息了，辛勤付出，期待收穫。餘暉移了腳步，漸漸來到跟前，坐下來喝杯茶，大地再次歸回夜晚。人生三階段，少年、壯年、老年。說穿了是時間的推移把我們漸漸逼向老邁，猶如一天日升月落。

「君子三戒」隨著時日漸增，血氣各異，血氣是什麼？我們不妨把它界定在生理層面，也就是一個人的生命力、精氣神。生、老、病、死乃人生必經之歷程，年輕人與老年人不僅閱歷不同，身體狀況也隨之改變，人年輕時往往受本能驅使，心浮氣躁，所以孔子說：「戒之在色」。「色」不要狹隘地定義成私人情慾，孔子個人並沒有貶低的意思，男女情慾本事理之自然，其實萬千世界無一不是色，倘若整日只知盲目追求外在的花花世界，終歸荒蕪度日。時至壯年，雖然缺少年輕時的豪情率性卻多了定力，在追求學位、財富、事業的同時也增添幾分戰鬥意味，爭權奪利以捍衛自己所謂的「社經地位」。等「得」到了，人也老了，屆齡退休，正該想享清福，卻也把「得」看得太重，出現不一的狀況，或者呆板頑固，或者自憐自哀，時不我予，退縮的社會化行為陸續發生。

無論如何，不管在哪一個階段都無損於我們身為人的快樂，認眞熱情地活著，會找到專屬於自己的生活哲學。

…………

西方智慧：上了年紀但熱愛生命的人，會不斷開拓精神視野，不斷擴張良心。上了年紀但只是因循過活的人，會隨著年齡的增長而變得愚蠢。

…………

君子有九思：視思明，聽思聰，色思溫，貌思恭，言思忠，事思敬，疑思問，忿思難，見得思義。〈季氏〉

君子有九種應該念念不忘的考慮：看的時候要力求分明，聽的時候要力求清楚，臉色要力求溫和，態度要力求恭敬，說話要講究誠信，做事要力求慎重，有疑問時不忘請教別人，當憤怒要發脾氣之前要想到事後的難處，碰上有利益的機會時要想著是否當得。

平常大約只聽過「三思而後行」，怎麼出現了一個「九思」？「思」指的是腦部的思考過程，這些幾經翻轉的念頭好加在沒有放映程式，否則只要外接銀幕，不就人人得而觀之嗎？不就絲毫無隱私可言。正因爲如此，每個人正在想什麼無從得知，除非透過語言交談，文字影像傳達。所以這是一個屬於絕對自我的空間，通常只有自己可以與之對話，而掌控權也在自己手中，有時可以不切實際一番，有時做亂七八糟想望，總之外人不太容易察覺，即使壞念頭一閃而過也無損原本表面性格。

話雖如此，這些一個個構思的想法，還是有相當大的比例會化做行動表現出來，否則老是在裡頭打轉，不去消化，難保它不會爆炸。輸出是一個過程，結果便是一種個人特有的行爲，自己必須做好把關的角色，缺乏約束，人易失之於墮落放縱的狀況，外在的約束可以先從父母師長那兒獲得，藉由學習會知道群體社會相處的準繩，然而眞正內化的工作還是必須自己願意去做，唯有自覺才能成爲心靈上的救贖。

雷辛：女人越美麗就該越誠實，因爲只有誠實才能應付美貌產生的所有惡與傷害。

揖讓而升，下而飲，其爭也君子。〈八佾〉

射箭比賽之時，雙方先打躬作揖，互讓對方上台，結果出爐，下了台之後，贏的人請輸的人喝酒，這樣眞是一場君子之爭啊！

古代士者不僅書要讀，其「六藝：禮、樂、射、御、書、數」（禮儀、音樂、射箭、駕車、書寫、算數）亦要有所涉獵，因此當你讀到這一則射箭比賽時，不要以爲它只是平常的娛樂活動，其實算得上是正式課程，甚至是上古禮俗中的大事，要學得當中的射箭技術，也要學會在這場競賽中爭的是什麼。

既然是競賽必定會比出個高下，舉辦的目的雖然也會著力於箭術的增進，不過更重要是要訓練有德的君子，讓他慢慢在射箭的既定儀式裡培養一種氣度，不管他是優勝者還是失敗者，各自有一套相應的邏輯，帶著這份氣度走遍天下，世間難容之事早就消弭一半了。

寓言故事很有意思，文字雖少，卻有一番不同凡響的大啓發。小時候聽過「龜兔賽跑」，我們對於資質較弱的人，通常會有正向鼓勵的話，如同烏龜一般，只要努力一定會有成果，然後天資聰穎的人絕對不能光憑著小聰明就自以爲了不起，一定要持之以恆，不可懈怠，否則就會像兔子一樣自食惡果。可是我們都忘了教教那些小天才們，如何在競爭的舞台上從容謝幕，當他們已經處在一種「高處不勝寒」的境界時，要如何去展現親和力，很自然地請失敗的一群人喝一杯酒，他們可能更想知道，從頂端重重跌落的那一刻，要花多少功夫才能再站起來。

一場「君子之爭」的教育不容易，競賽隨時上演，得獎者不斷更迭，要學會謙虛領獎，理性接受失敗。

…………

猶太教法典：水不會停留在山頭，而是朝山谷流，同樣的，眞正的美德不會停留在一心爬得比別人高的人身上，只停留在謙卑的人身上。

…………

唯女子與小人為難養也！近之則不遜，遠之則怨。〈陽貨〉

唯獨女子與奴僕最難相處了，親近他們，他們就要不謙敬，疏遠他們又要生怨恨。

這一句話常拿來當作戲謔的話語，以爲孔子也是「妻管嚴」一族，才發出如此喟嘆，後代子孫確實也很難憑這幾句話，就窺探出孔子的婚姻生活是否幸福美滿，（因爲這裡指的是臣妾，而非泛指一般女子）至於孔子對於男女之間的言論在《論語》中倒是少見，大概與當時女權運動並未崛起有關，或者說當時婦女地位根本無法與男子平起平坐。

不過，現在時代不一樣了，如果一個男生在女朋友面前講了這一句話（老婆就另當別論），也許多數得到的反應會是慘遭白眼，因爲女孩子絕不允許男朋友說自己很難搞定，這代表著脾氣大，不可理喻，雙方馬上就又起爭執。有一句話說：「女人心海底針。」她心情好的時候，會來一個熱情的擁抱；心情不好你也甭想有好日子過，耳根子不清靜，外加「肢體傷殘」，此時如果還是熱戀期的情侶，這些都不算什麼，因爲愛，所以包容心變大，等到娶進門，當了老夫老妻，少了當初戀愛時的甜蜜時光，男人此刻也會加入戰局，唇槍舌戰，你來我往，互不相讓。

坊間有不少關於兩性探討的書籍，其攻佔大書局排行榜的比例也不低，顯見我們對於兩性或者直接說愛情充滿期待，都希望在另一半的心目中可以完美無缺。說穿了兩性相處與一般人際關係並沒有什麼不同，最大的差異點在於那份親密度，因爲人往往厚待與自己關係疏遠的朋友（可能也是交集不多，無法形成密切關係），刻薄身邊親密的愛人，當可以要求的空間變大時，相對的標準提高，心眼也跟著變小。下次不妨保持一點距離來對待你的另一半，會產生之前不曾有過的美感。

艾略特：兩個靈魂結合一起，在彼此的工作、成就與不幸中相互扶持，直到最後告別的靜默時刻降臨，這是何等美妙的事。

飯疏食飲水，曲肱而枕之，樂亦在其中矣。不義而富且貴，於我如浮雲。〈述而〉

吃粗食，喝清水，以臂當枕，雖然窮困，可是內心十分安適，一點也不改變其中的樂趣。至於不合義理的富貴，對我就像天邊浮雲般的無足輕重。

飯在這裡當動詞，即吃的意思，食乃今天所謂的米飯，疏食就是粗米飯，嘴裡吃著簡陋的菜餚，然後涼水配飯，一餐如此解決。你也許會說簡直營養不良，這還不打緊，吃完之後，胳膊一彎，充當枕頭，貧困至此，孔子依然樂在其中。這是什麼道理？接著往下看會發現孔子說：「不義而富且貴，於我如浮雲。」不能說夫子特別喜歡簡陋的生活，而是「不義」二字啊！採取旁門左道得來的富貴，夫子連想都沒想過，何況是享受在其中呢？對一位有道德操守的人來說，不義的富貴宛若片片浮雲，隨風飄逝，沒有方向，更別說是緊握在手了。

所以日常生活的快樂來源，不能只空洞地憑藉高級服飾、名牌轎車來妝點，它還需要一些比較內化的東西，譬如：原則、操守。雖然這些東西無法秤斤論兩地買賣，也無能估算它的價值，卻是一個人的「靈魂」所在。

如同孔夫子在《論語》其他章節所說：「富而可求也，雖執鞭之事，吾亦為之。如不可求，從吾所好。」富貴如果可以強求，那麼即使做卑微的工作我也願意去做，結果若無法強求，我依然會照著我認為對的事去做。又提到：「君子無終食之間違仁，造次必於是，顛沛必於是。」縱使外在環境改變，內心的原則、操守還是不會改變。

…………

邊沁：哲學家並不指責一切快樂，他們只是屏棄一般意義上的快樂。

…………

君子和而不同，小人同而不和。〈子路〉

君子中正和平而不同黨營私，小人則相反。

借用中國古代辯證哲學的說法，把「同」和「和」做一個簡單的表達。「同」等於排斥了異的簡單統一，例如：水加上水還是水，不會因爲增加的動作，而對這個物質產生改變，「同」有它存在的缺陷，一首曲子從頭到尾都唱同一個音階，聽來豈不單調乏味，甚至根本無法稱之爲歌曲。沒有異議的同聲附和在某種程度上缺乏意義，因爲無法從中找到正確的言論。「和」則是對立的統一，即包含許多不同物質的混合體，好比是一道美味佳餚，要求它的口感，色、香、味俱全，一定是參雜多種食材、調味料，彼此相互調和才足以構成一道美食。換言之，相互對立的因素具有互補諧和的功能，水和火彷彿是對立的，但正因爲有火燒，水才能煮，只知用水，不知用火，並無法搭配出最完美的組合。一道佳餚假使今天味道淡了，可以再加佐料下去，味道濃了，仍然可以想法子改進，仍不失成爲美味佳餚的條件。可見「和」可以形成最高的新的統一，戰國時期諸子百家爭鳴，學術思想各家齊放，形成中國當代璀璨的文化瑰寶，「和而不同」的積極成果便是使得此人文發展達於顛峰的境界。

思想史上儒、道、墨、法家和後來的佛學，多少都側重於「和」的方向，可見它算得上是傳統觀念之一，如此容納對立，互相諧和的狀況恰符合民主政治的潮流。相反法家特別強調整齊統一，偏重「同」的方向，不僅違背民主精神，而且也偏離現代法治社會的軌道。從以上思考路徑來理解孔子「君子和而不同」的意思，極具更深一層的內涵。

托爾斯泰：要向小孩子學習，像小孩子一樣，以愛和溫柔平等對待所有人。

歲寒，然後知松柏之後凋也。

〈子罕〉

季節寒冷後，才知道松柏樹會是最後凋謝的。

春秋佳日，陽光雨露，到處鬱鬱蔥蔥，等到天寒地凍之時，只見松柏依然挺拔，兀自散發剛健氣質。翻開中國歷史，太平盛世時，一般人或許看不出君子小人的差別，一旦遭逢意外之變，面臨生死關頭，君子的節操才眞正顯現出來。「士窮見節義，世亂識忠臣」如文天祥、史可法等人，就是在危難之際表現道德勇氣的。

把鏡頭拉回至現代，或許沒有眞正的戰亂，足以塑造出第二個文天祥、史可法這樣的英雄人物，但仰望松柏，仍然對之高聳筆直的身軀肅然起敬，古代對松柏乃高節之士的象徵不無道理。

問題是生存於五光十色的社會中，你會選擇做松柏嗎？一棵需要長時間滋養、磨練才能成就的大樹。還是已經等不及了，想要在眾目睽睽下，當一株只有數十小時壽命卻能在霎那間綻放美麗的小花？哦，短暫的美麗，可是有人欣賞不就好了嗎？「剎那即是永恆」！

當然，抓住那一刻的美也是不錯，但當社會上每一個人都只做小花時，百花凋零，誰是最後一根支柱？四時運行，自然界有它的道理，現代化的社會，仍然需要「松柏」精神，但看自己如何選擇。

…………

托爾斯泰：要爲你的靈魂而活，在無須特別嘗試或甚至瞭解的情況下，你就能爲改善社會貢獻力量。

…………

逝者如斯夫，不捨晝夜。〈子罕〉

逝去的時光就像這流水一樣啊，日日夜夜不停地流去。

「天地之化，往者過，來者續，無一息之停，乃道體之本然也。然其可指而易見者，莫如川流。故於此發以示人，欲學者時時省察，而無毫髮之間斷也。」朱熹曾對孔子之言下過如此註解。從現代經濟學的觀點來看：昨天是過期的支票，明天是不能支領的期票，唯有今天是能用的現金。誰虛擲光陰，就是浪費金錢，這一個時間金庫可不會生出利息來給你，若有「循環利息」，我想那也只是無窮盡的空虛與恐慌。

歷代君王當他在擁有至高無上的權力與財富之後，還會想獲得的便是長生不老。用盡各種辦法，無非是想讓自己的榮華富貴得以無限延伸，結果當然決計不能，所以他也同路邊的乞丐一樣，時間結束，生命終止。時間對萬物而言，是個奇妙的東西，給了你，再也要不回，有起點，有終程，要在有限的時間裡頭完成怎樣的工作，做完怎樣的事情，靠的是各人的努力程度了。

所以，蠶在蛹化交配，傳宗接代之後，死亡。鮭魚每年一定要游回出生地產下魚卵，才算對生命有所交代。而你也許跟我一樣，平凡人做一般事，吃喝玩樂，唸書考試，睡覺休息。或者如古今中外諸位偉人一般，於生命綻放絢爛的火花。無論如何，要對得起造物者賦予我們時間的意義，不虛度、不荒廢，珍惜把握，好好生活，如此才不至辜負兩千多年前孔老夫子以流水警惕世人的苦心。

…………

西方智慧：「時間流逝！」我們會這樣說，然而，時間並不存在，流逝的是我們。

…………

君子多乎哉？不多也！〈子罕〉

說到君子究竟需不需要多才多藝呢？不需要啊！

事情是這樣子的：吳國的太宰問子貢：「孔子是聖人吧！不然他怎麼如此多才多藝呢？」子貢回答道：「也許是上天要使他成爲聖人的吧！因而讓他多才多藝。」孔子聽完後表示：「太宰瞭解我吧！我少時貧窮所以多了些許別人不會的技能，事實上，稱得上是君子的人就一定要具備多種才能嗎？那倒未必。」

從以上對話我們還有幾點可以加以澄清：第一，孔子並沒有輕視那些具備才藝的人士，以爲多學技能反而不能稱之爲君子，若如此想，就顯得倒因爲果了。身爲新世紀青年，培養所謂的具體技能已成爲時代趨勢，社會上已有多種職業工作採認證制度，沒有通過檢定，取得執照，無以立足開業。孔子的用意並非反其道而行。第二，孔子曾說：「吾不試，故藝。」這裡的「試」當成無官可當，沒有受到政府任用的解釋，孔子利用這段期間，充實學識，不管是知識上的、修養上的、還是才藝上的，他都認眞努力學去，並不因此自怨自艾，浪費光陰。第三，做爲君子根本的功夫仍要從心性上求取，而非決定於所得多寡、學歷高低、會的才藝項目又有多多，如果單從此處著眼，「小人」會的才能不見得輸給「君子」。

我們切確希望這會是一個「重質不重量」的年代，是一個「內外兼修」的年代。那才是君子儒所樂意見到的景況。

…………

葛拉西安：完美靠的是質量而非數量。

…………

願無伐善，無施勞。〈公冶長〉

我願意不誇示張揚自己的才能功績。

有一次孔子請幾位學生談談自己的志向，顏淵做了以上的回答。伐是誇耀的意思，無伐善就是不誇自己的長處，至於無施勞，歷代約有兩種解釋：一是不把麻煩事推給別人做，二是不彰顯自己的功績。接著孔子提出他的志向：「老者安之，朋友信之，少者懷之。」依照孔子對顏淵一貫的愛護，這一番話顯見夫子亦是深表同感，而能夠讓人安之、信之、懷之的必定有「無伐善，無施勞」的特質了。

爲什麼人會想誇耀自己的言行呢？根本的原因在於私心私意，可能爲了沽名釣譽，討好名聲，一件好事若染上了私心，難保不會起邪念。而擁有此項特質的人，他們做起事來往往默不作聲，把行善做正事當成是舉手之勞，融入自己的日常生活當中。

其實身邊一直都有這樣的人存在，只是你不曾留心觀察過，醫院裡的志工、社區掃街的服務人員、認養樂捐的企業單位，到處可見溫情，而他們不見得會四處嚷嚷說自己做過哪些好事，這些他們自認為天經地義的事，平平常常去做就好，不需要刻意張揚，也不需要矯情造作，故意隱藏起來反而引起大家注意，當成最自然的事，一些未知的義行自會有其他人去發掘。

不過我倒有一件至今仍令我印象深刻的事，影響我至深。國中時期的導師是一個蠻有教育理念的人，為了改正我們亂丟垃圾的缺點，養成隨手撿垃圾的習慣，她發起一項撿垃圾運動，以一個星期為單位，看誰撿的垃圾最多，就能得到獎勵。事隔多年，雖然關於這項運動的諸多細節已不復記憶，不過卻養成我日後更加珍惜資源的習慣。仔細回想起來，老師確實帶給我蠻多東西的，她不僅自己做善事，還把這個觀念影響她的學生，這的確是值得四處宣傳的東西。因此我得到一個結論：張揚自己的功績固然不被孔夫子認可，不過若能宣而導之，其影響的層面應該會更大。

奧理略：三種人：其一為他人做了件善事，就準備把它當成施恩行惠記到他的帳上。其二不準備記帳，卻仍然在心裡上把對方當作自己的受惠者，且念念不忘自己做的善事。其三在某種程度上甚至不知道自己做了善事，就像葡萄藤那樣，一旦結出它應有的果實以後，便不再尋求更多。駿馬奔跑，獵犬追獵，蜜蜂釀蜜也是如此。所以人在做了一件善事之後，也不應要求他人來欣賞而應繼續做另一件善事，正如葡萄藤在下一個季節繼續結果一樣。

君子不憂不懼。〈顏淵〉

君子沒有憂愁也沒有恐懼。

這一則是出現在司馬牛問「君子」的對話裡，孔子依著司馬牛的個性提出「不憂不懼」的主張。當時司馬牛因爲害怕兄長爲惡作亂，常心懷憂懼，孔子便以此勸慰。

君子行事處處不違德，所以安心自在，不必爲自己憂心忡忡，擔心受怕，不過顯然也有這樣的人臉皮極厚，天不怕，地不怕，不知反省，知錯不能改，改錯不徹底，無法向內自求，故而孔子補充：「內省不疚，夫何憂何懼。」關鍵在於不要做愧對良心的事情，一切海闊天空。

恐懼與煩惱相較之下還是有一段差距，恐懼想來更勝一籌。煩惱人人有之，大的小的，各不相同，恐懼則是內心眞正的害怕，驚懼恐慌，宛如世界末日，想到就頭皮發麻，更嚴重點也許正威脅到你的生命。這種精神層面的憂懼一產生，生理、心理都備受打擊，壓力大，失眠，肌肉緊張，渾身酸痛，或者頭開始痛了，胃口變差，諸多病症蜂擁而上，叫人招架不住，甚至是精神錯亂，最終整個人幾近崩潰。他倒也不是做了什麼喪盡天良的事，被逼得走投無路，原因在於自己的放不下，惹來眾多紛擾。

試著參悟禪宗六祖慧能所說：「菩提本無樹，明鏡亦非臺，本來無一物，何處惹塵埃。」的意境吧！

…………

奧理略：「當你為什麼事憂煩時，你是忘記了：每個人都僅僅生活在現在，喪失的也只是現在。」

…………

君子成人之美，不成人之惡。

〈顏淵〉

君子願意成就別人的好事，不願促成人家的壞事。

如果現在有一個殘缺的圓，不是讓你算面積，也沒有要讓你求周長，是要你想辦法補好這個圓，你做得到嗎？它可能是一道愛情三角習題，也可能是忠孝兩難的抉擇，或是事業與家庭的紛爭，你決定犧牲嗎？割捨原本自己擁有的那份完滿去填補那一塊空缺。

「君子有成人之美」，假如你想贏得君子的美名，你勢必得退讓好空出一個位子，給一個可能比你更有資格站在圓裡的人、事、物。很難，對不？為什麼從小到大父母只教你要讓弟弟、妹妹？有好吃的，好玩的，都要讓他先。爲什麼退讓的那個人始終是你？在字典裡找不到的「爭取」二字，可不可以自己創造？成了他人的圓之後，你的圓誰來填補？是不是別的圓叫完美，我的圓注定是惡？

一連串的問號連我都不禁想問：世界上有沒有兩全其美的事？當然目前的你已陷入兩難局面，想抽身都無法保證能夠全身而退，那麼別盡往牛角尖鑽去，孔子只說君子必須成就他人的好事，而不能助長惡習，要能辨是非，明利害，眞要是個一池壞水，又何苦往裡頭栽去。

原本也就沒有眞正圓滿之事，當有一方犧牲時，就已經有了缺憾。但是如果明瞭了一個道理，那個退讓的缺憾就不會太大：看見一件因你而促成的完美時，最高興的會是你自己，猶如母親生了一個小嬰兒般的喜悅。

……………

卡萊爾：眞正的生命起於自我犧牲。

……………

棘子成曰：「君子質而已矣，何以文為？」子貢曰：「惜乎，夫子之說君子也。駟不及舌。文猶質也，質猶文也。虎豹之鞟，猶犬羊之鞟。」〈顏淵〉

棘子成說：「君子只要品質就夠了，何必要文化？」子貢說：「可惜先生您這話雖是君子，卻說錯了。文化和品質是同等重要，假使沒有文化，豈不是像去了毛的皮，虎豹犬羊還有什麼分別。」

這當中有一個比較有趣的地方，大夥都耳熟能詳，「君子一言既出，駟馬難追」，這話一說出口，用最快速的四頭馬車來追，都追不回來，沒想到原始出處是由子貢說出。現在我們一般都把這一句成語用來說這個人說話算話、言而有信，如今讀了原意：舌頭跑得比四馬駕車還快，如果言之既出已是錯誤，再後悔也來不及。通常君子是不輕率發表言論的，講話前必須謹慎考慮，以免鑄成大錯，無法彌補。子貢就是因爲衛國大夫棘子成所言不當，故而替他惋惜，認爲他的說法有失偏頗。

於是子貢用了一個很好玩的比方：不管是虎豹、犬羊只要通通剝了外皮，光溜溜的身子，誰也認不得哪個是哪個。不知道你有沒有發現一個奇怪的地方，去了皮的虎，難不成改吃素，不再獵殺其他小動物了嗎？還是沒了毛的羊，可以代替狗兒擔任看門的工作？根本不可能的事，牠們丟掉的只是「外衣」，重披上陣，照樣不是粉墨登場，一點兒也不會更改原本性情。

文與質並非相加減的等式，不是加了誰或減了誰才是正確。儒家強調的是一種「文質彬彬」的觀念，兩者相和，相互協調，達到自然本性，屬於不經意流露出來的氣質。

…………

葛拉西安：一切美都需要陪襯，完美若不靠能工巧匠加以昇華也會變得野蠻粗俗。

…………

君子易事而難說。說之不以道，不說也；及其使人也，器之。小人難事而易說也。說之雖不以道，說也；及其使人也，求備焉。〈子路〉

君子容易侍奉他，而難令他歡喜，因爲假使拿不合正道的話語來討好他，他會不高興，但他用起人來卻隨個人的才器而有所寬容。小人則相反，難以侍奉他，卻容易使他歡喜，雖然拿不合正道的言行去討好他，他也會很高興，可是他用起人來則苛刻非常，一點也不近人情。

班上有一個這樣的孩子，從顏面上觀察一派天眞無邪，人生得俊俏，功課名列前茅，家庭狀況幸福美滿。可是在班上和其他孩子相處在一起，大家對他的評價卻是抱怨連連，原因在那張嘴巴，在我這個導師看來，他明明心裡沒那個意思，卻總把話講得很絕，每天難聽的罵人的話連篇，班上女生老是被他欺負，再加上這次班級選舉由他擔任風紀，掌管秩序，結果他公私不分專找一些他討厭的女生的麻煩，惹來一堆「民怨」。與家長聯繫的結果，情形仍無法獲得改善，目前正積極尋覓其他輔導老師的協助。

從事教育工作總可以從孩子身上得到不同啓發，每個人有不同面相，適合的管理方式也不盡相同，有人可以用講的，有的人卻要打屁股才行，不過都需要一顆寬容的心，你必須不去計較他們曾經犯過的錯，曾經對你的抱怨，然後還要能愛他們接納他們。這是我個人的想法。在實行的過程中，挫折感會有，甚至逃躲的心態也曾萌生，而理念也在一次又一次的挫敗、回饋中重新修正。就像班上一個小女孩問我：「老師，我們每天都惹得你那麼生氣，你還會愛我們嗎？」我的回答是肯定的，無庸置疑。

相對於這個孩子的苛刻成性，我們必須用更大的寬容心來包容、教育他，雖然成效一時之間還看不太出來，但希望他日後能體會得到我們的用心。

托爾斯泰：要仁慈對待別人的惡毒相向，這樣就能破壞惡人做壞事獲得的樂趣。

君子義以為質，禮以行之，孫以出之，信以成之，君子哉！〈衛靈公〉

君子先拿義理作一切本質的根基，然後按著禮法去做，再用謙遜的態度表現出來，最後再用誠實信用來完成，像這樣眞可算是君子了。

「君子」一詞在《論語》出現的頻率之高，可躍登排行榜冠軍，總言之，君子指的是有德行、有操守的人，泛指一般日常生活中其所作所爲值得眾人尊敬的人，不必刻意把他摒除在外，以爲此乃生命中不可臻得的境地，高不可攀，望塵莫及，只要如此想，縱然心裡想達成此目標，也會先入爲主的以爲困難重重。

那麼先把他那一頂高帽子丟開，即使我們無法成爲百分之百的君子，能一天按照君子的理想去實行，就有一天的受用；能一事行君子之道，就成於一事之圓滿。若往歷代名人錄上求去，會發現正有諸位先人一直朝「君子」路上邁進，謙虛而重義理。據載：漢朝宰相翟方進與清河大儒胡常所專攻的經書相同，胡常是前輩，知識學問兩人相比，亦是不相上下，偏偏他的名望始終不若翟丞相，胡常對此有些耿耿於懷，多少有嫉妒之心。平時與鄰里朋友交談，言語之間免不了要貶低翟氏一番，翟丞相倒是屢屢在胡常大開講堂開班授徒之時，派遣自己的弟子前往聆聽，當面向胡常請教經書義理和提出疑問，並把他上課內容一一記錄下來，時間一久，胡常終於明白其實宰相是很欽佩他的學識的，心中慚愧起來。從此，胡常也開始平心靜氣地觀察宰相的施政，適時給予讚美，兩人的關係變得融洽。以上這則故事正說明君子謙遜的雅量適足以消弭原先可能一觸即發的衝突，善用君子之德，於無形當中化暴戾為祥和，進而改善社會風氣。

托爾斯泰：幸福是人只為自己期許的東西，善卻是人為自己與其他人一起期許的事。幸福可以透過奮鬥來採取，善卻只有靠謙卑才能獲得。

好仁不好學，其蔽也愚；好知不好學，其蔽也蕩；好信不好學，其蔽也賊；好直不好學，其蔽也絞；好勇不好學，其蔽也亂；好剛不好學，其蔽也狂。〈陽貨〉

如果好仁道而不好學問，那就要犯愚魯的毛病；如果好明智而不好學問，那就犯了放蕩的毛病；如果好信實而不好學問，那就難免要傷身害義；如果好正直而不好學問，那就難免要急切過份；如果好勇敢而不好學問，那就要出亂子了；如果好剛強而不好學問，那就變成狂悖了。

孔子提出六言六蔽，雖包含了六種美德，但最終都因爲不好學而把這些美德給掩蓋住了。此番苦口婆心主要是針對子路這名學生，子路的性情果敢正直，勇於爲善，待人熱情且豪爽，（就是那個朋友把他豪華房車、貂皮大衣弄壞也不會生氣的人）但事理若失了中庸，便流於偏激，過與不及都需要用「學」好好地均衡一下。「學」除了有學習的意涵之外，還向外擴充到深思表象背後的道理，子路的性子直爽有時心直口快，腦子還沒想到，話早就說出口，假設不趕緊抓牢「學」的功夫，恐怕只會傷害更多無辜的人故而再美好的德行少了這一層好學深思的道理，也都變了質味，不再美味可口了。孔子曾經舉了兩個事例要子路警戒於心。據說外邦有個寡婦，心裡很嚮往中原的禮俗，丈夫死了之後，也學著不改嫁，卻在家裡私養男人，外人看來是恪守中國婦道，但骨子裡貞潔的問題卻不看重，反而還不如明嫁。再一個例子，某一個男人娶了一位貌美嬌娘，哥哥向他討這媳婦，他也就給他了，表面上忠於兄長，實際上卻有極大的不妥。

不經思量所做出的自以為美德的決定，有時更讓人氣憤，綜觀歷史，不少愚忠、愚孝的事蹟叫人哭笑不得，不去學習事理之中該拿捏的分寸尺度問題，等到事情做完之後，早就後悔莫及，甚至貽笑大方。

……………

蘇格拉底：脫離知識的意見全都是醜的。

……………

是可忍也，孰不可忍也？〈八佾〉

這樣的事尚且都可容忍，還有什麼事是不能容忍的？

到底是什麼樣的事情惹得孔子這麼生氣？原來是「季氏，八佾舞於庭」，八佾就是八排，即每排八個人的集體舞，在周禮中是只有天子和魯國國君特有的排場，如今一個掌權的魯大夫，照道理只能使用四佾，採用八佾顯然是僭越禮制。

孔夫子的「君君、臣臣、父父、子子」觀點即強調必須固守自己的身份名位，不能超越該守的禮制，否則將淪爲亂源。事實上當人一旦有了想逾越名分的欲念之後，接踵而來的所作所爲便容易越界，臣子竄謀君位，當兒子的弒親，父女亂倫，過了那條身份的界線之後，宛如掙脫枷鎖的野獸，什麼後果也顧不得，直想往前衝。

還有一種情況和上述的禍亂不同，就一個出於非自由意願的人來說，他「安於」身份之後，根本無法處之泰然，著名作家琦君的小說《橘子紅了》，女主角秀禾礙著容家三姨太的身份，不能與相愛的容六少爺在一起，單就這一條故事主軸的牽引，使得更多無奈的、遺憾的情感失落。人要掙脫

「名」的束縛不容易，尤其在以前傳統的社會當中，必須承受的異樣眼光、壓力，更甚於當初決定逃離所需的勇氣。

在這裡我們並非鼓勵或是詆毀所謂名分的問題，最要緊是自己要什麼，靠自覺與智慧去抉擇，一切才能無愧於心。

…………

托爾斯泰：脫離既定的傳統與習俗需要很大而嚴肅的努力，但要認識新事物總是需要這樣的努力。

…………

死生有命，富貴在天。〈顏淵〉

生與死是命中注定的，富貴也是上天安排的。

這一句話常常聽老人家談起，言下之意似乎已經把命交給他所信任的老天爺了，一個人該活多長，早早安排好了的，一分一秒也不許多要。難不成這一番話是聽天由命，無所作爲的宿命觀點？反正生命已有定數，一切看天吧！

當然不是，也許後人借用此說來爲自己種種麻木不仁或咎由自取的行徑作辯護，但仍無損夫子的本意及精神。

富貴在天的天乃是天理、公道、正義，並非指老天爺無端端給你的好運道，孔子說過：「不義而富且貴，於我如浮雲」，不合正義的運道，孔子是不要的。

同樣在生死有命的議題上，孔子也認爲有個天理、天命在。爲誰而活？是捨身取義或者殺身成仁？如何活出生命的價値與意義？這些都不是一般泛泛而論的課題，自然和那些計較壽命長短的人有所區別。

人若能依著正義而行，生死富貴的際遇都算不上什麼，不管發生什麼事情，關鍵在自己的一份善意、義心，就算天天粗茶淡飯也能甘之如飴。

你不能決定生命的長度，但，你可以改變它的深度。

奧理略：無論你做什麼，都參照著善。

卷三

人我之間

看一個人，先觀察他的所作所為，
再看看他做這些事情的動機，
又觀察他心中所樂之事是否為善，
由淺而深，此人的品格即可明白，
怎能隱藏半點呢？

尊賢而容眾，嘉善而矜不能。〈子張〉

尊重賢者，也應當容納平常的人，嘉勉善良的人，也應當體恤不善良的人。

這是一篇子張與子夏二人對交友問題的不同見解。對話是這樣的：子夏的學生一天問子張有關「交友之道」。學生提出老師子夏說法：「值得交往的人就親近他，不可以結交的人就遠離他。」沒想到子張卻持不同看法，也就是「尊賢而容眾，嘉善而矜不能。」假使我是個賢能的人，那麼我對於人或是人對於我都沒有所謂相容的問題，別人自然樂與我爲善；倘若我大奸大惡，也輪不到我來拒絕別人，別人自然會與我斷絕往來。

以上論調各有是處，亦應有所調和才是，子夏對於人我交往定義比較狹隘，屬於朋友當中比較知己的部分，而子張的看法大概隸屬「君子之交淡如水」的範疇。兩種看法特要抓住當中的精髓，不得相混，否則均失中和，若非友之過狹，即過於浮濫。

一群朋友在腦海名單裡，多少也試著分過類，有些屬私密知己，有些是大型的聚會場合才碰上一面，磁場相近的，有共同回憶話題的，才能當成我們的入幕之賓，其餘者果如「君子之交」淡淡的不起一絲漣漪。

最後，聽聽朱熹的評論：「子夏之言迫狹，子張譏之是也，但其所言亦有過高之病，蓋大賢雖無所不容，然大故亦所當絕；不賢固不可以拒人，然損友亦所當遠，學者不可不察。」

西方諺語：人越是接近眞理，越能寬容別人的錯處。

吾之於人也，誰毀誰譽？〈衛靈公〉

我對於眾人從沒有毀謗哪個是壞人？稱讚哪個是好人？

孔子處世所秉持的是公正平和之道，從未因爲某種因素而瞧不起張三，或刻意奉承吹捧李四，也並非是一味讚許他人的好好先生，總之有一把尺在心中自有論斷。

我們最容易犯的毛病就是：第一，碰上自己不投緣不喜歡的人，易落入刻板印象，想此人必定如何如何討厭，明明跟他相處接觸的時間極爲有限，或是人云亦云，僅憑一眼全盤否定，將對方打入十八層地獄，永世不得超生。其二完全相反。這個人是你的好友，或者換個情況，你跟他並不熟稔，只是群體之中喜歡他的人佔大多數，你就隨眾地喜歡他了（雖然他必定具備某些吸引人的特質），毫無理由地袒護親近，有時就在自己渾然不覺的狀態下做出錯誤的批判，完全不能像孔子一樣，大聲說出自己平生「誰毀誰譽」。

對人的褒貶，必須要建立在實事求是的基礎上，不能任由主觀隨性，所以接著夫子說出：「如有所譽者，其有所試矣。」如果今天我認眞誠心地讚美一個人時，就是我已經仔細考察過他的一言一行了，好就是好，不好就是不好，不容特意的，過多的主觀判斷，果眞認定，便不吝於給予嘉許；嫉妒人之善，暗地裡詛咒較勁，非君子之行。反過來說，過多溢美之詞，流於虛泛，更不切實，至於貶抑，應當緩出愼重。

奥理略：有人糾正你的錯誤後，如果你能改變自己的意見，聽從對方的話，你便比頑固地堅持錯誤時更加聰明。

賜也賢乎哉？夫我則不暇！〈憲問〉

賜（子貢）大概眞的很賢能，才會去議論別人，像我連管束自己的時間都沒有了，何來閒功夫去管別人呢？

人有一張嘴長在臉上，用來吃飯、說話、唱歌，必要時拿來呼吸，當然它並非爲所欲爲，須受大腦管制，用得到它時自然會下達命令。一般人的嘴巴大部分時間用來說話，話說得好壞跟它的構造顯然沒有太大相關，但話的好壞在旁人聽來卻有影響。嘴要張在適當的場合，適當的時間，才能受人歡迎，贏得喜愛。

群居社會中人與人之間的交往相處乃正常情事，彼此必須溝通、交流，才能了解想法，有助於情誼的建立、公事的往來等。但是有一個問題你我都曾碰上，某人在你面前一直批判誰誰的不是，或者明明甲先生把秘密只告訴他一個人，還交代他不能說出去，結果全部的人都知道了（原本事情也許還加油添醋，參入自己的議論），可能還包括了他同事的妹妹的朋友的同學，這類的「廣播電台」說來既好氣又好笑，生活中若少了這份八卦消息，一天枯燥繁雜的上班、上課還眞的少了那麼幾分快樂。

可是你也得小心，因爲說不定哪天你也會成爲他口中議論紛紛的故事主角呢！嚴格論之，這一類人物並非大奸大惡，心裡也不是眞有個壞念頭，卻管不住自己的嘴，所到之處是非生焉，傷人於無形，也難怪這一陣子台灣八卦雜誌風捲起一陣狂潮，相關人等，人仰馬翻，連民眾亦在追逐的行列之中。

「刮別人的鬍子之前，先把自己的刮乾淨。」當話鋒轉到別人身上時先檢視自己，誠如夫子所言，「夫我則不暇」。說好話留口德，而我們更可以聰明地選擇做一個不聽信是非的人。

奧理略：你不要環顧四周尋找別人的指導原則，而要直接注意到那引導你的本性，注意那通過對你發生的事而表現的宇宙本性，和通過必須由你做的行爲而表現的本性。

視其所以，觀其所由，察其所安，人焉廋哉？人焉廋哉？

〈爲政〉

看一個人，先觀察他的所作所爲，再看看他做這些事情的動機，又觀察他心中所樂之事是否爲善，由淺而深，此人的品格即可明白，怎能隱藏半點呢？

每次看到街頭替人畫肖像的畫家都會忍不住駐足圍觀，淡水碼頭前的老者一筆一畫勾勒出客人的臉部線條，落筆仔細一點兒也不含糊，從臉型、五官、衣服上的褶紋、眼波裡的神采無一不鉅細靡遺，甚至畫出來的成品還比客人原本的模樣俊俏三分，難怪即使現今攝影技術如此出神入化，仍然有不少民眾鍾情於此。有一份濃濃的人情味。

原先畫家與顧客之間素不相識，藉由一樁買賣，建立起三十分鐘左右的機緣。畫家不會了解客人的內心性格，有什麼樣的優缺點，頂多在閒聊之間知道他來自何方，今天到這的目的是什麼，拿到這張畫有啥安排。畫家比較關心的是他今天穿什麼衣服，眼睛是大是小，先打好外觀輪廓，再添上其他。他們的關係較單純，無須太多深入了解，照樣無損於他們主僱關係。

一般人際相處可不能如此簡約之以外廓，「路遙知馬力，日久見人心」，長時間交遊才能全面客觀地體察一個人，由淺入深，舉手投足，一言一行，多少表露出他的心態。選擇朋友，選擇下屬，選擇替人民做事的政府官員，每一種選擇都需要審慎的考量，「伯樂相馬」需要時機運氣，短時間的相知相惜固然可能發生，靠的仍是日積月累的好實力。

塞尼加：不要在乎有多少人對你表示尊敬與景仰，要在乎他們是什麼樣的人，如果惡人討厭你，那更好。

始吾於人也，聽其言而信其行；今吾於人也，聽其言而觀其行。〈公冶長〉

以前我對於人，聽了他的話就相信他的行爲；現在我則還要仔細觀察他的行爲。

這個故事發生在孔子見到他的學生宰予白天睡覺之後，發出「朽木不可雕也，糞土之牆不可杇也，於予與何誅！」的慨歎，因而改變他對於人的直觀，不能僅憑外在言語談吐，就相信他的爲人，世上太多言不顧行的人，片面之辭固然不足採信，深入了解之後仍須看看他的作爲是否合乎「標準」，一種能夠說到做到的標準。

另外提到白天睡覺惹得我們夫子老大不高興，這一點又從何說起？從小到大我不知道當過多少次白天上課打瞌睡的學生，夫子看到想必也只能猛搖頭了，唉！一來昨夜K書，體力不支，二來老師講課果眞具有催眠作用。一天裡面最寶貴的時間就屬早晨，此時腦部經過一夜的休息，思路清晰完整，進行學業上的增進最合適不過，老師們或許不在意學生的睡眠時間是白天還是晚上，他們比較擔憂的是學生疏懶成性，把打瞌睡當成日常活動，荒廢讀書的大好時光。你該不會反駁說：「我都晚上用功！」「夜晚的寂靜最適合從事思考、寫作、閱讀，沒人干擾，更不會有突如其來的雜事。」看來現代人的作息習慣漸漸轉變，夜貓族挺喜歡那種專屬於夜的浪漫，純私人的感覺，不過前提必須是白天他不會太累，適合學生、舒活族、家庭主婦、煮夫、失業者，可以隨心所欲安排自己的時間。

一天二十四小時林林總總要包括：吃飯、休閒、睡眠、工作（上課）的時間才算完整，足以稱得上一個有付出、有貢獻、能享受的人，另外別忘了在過日子的同時，繼續充實自己，爲自己加油充電，否則會缺少走下去的動力。

派克：傾聽你內在的聲音，接受它作爲最高的權威。隨時捫心自問，我的作爲符合良心嗎？不要害怕自己尋求的意義和別人相左。

子貢問曰：「鄉人皆好之，何如？」子曰：「未可也。」「鄉人皆惡之，何如？」子曰：「未可也。不如鄉人之善者好之，其不善者惡之。」〈子路〉

子貢問說：「一個鄰里間都喜歡他的人，這樣好嗎？」孔子回答：「還說不定。」「假如全鄉的人都厭惡他，他的人格又如何呢？」「也說不定。應該要鄰里間的好人喜歡他，惡人討厭他，才能稱得上是一個好人。」

一鄉之人都說好的人就好嗎？未必。一鄉之人都說不好的人就眞的不好嗎？也未必。此句的眞意何在？在民主社會的我們來說有許多表達自由言論的空間，無形當中形成一股輿論，自小我們就被灌輸一個觀念：「少數服從多數」、「多數尊重少數」，透過表決的過程決定了不少事情，生活實例處處可見。運用在純粹的事情上，每個人大約都能侃侃而談，針對自己想要的目標進行辯護，於是當某一種意見聲音達到一定多數時，政策就會偏向那些所謂大眾的心聲而去執行裁決，大多數人的欲望被滿足之後，群體中反對的聲浪會相對減少（至於反對者會如何？再次提出訴求讓大眾接受又是另一種藝術了），然後群體會日益步向正確的道路，不過前提是這大部分人是聰敏的，思考角度及前瞻性都是一等一，才有可能創造眞善美的社會，否則就只是假民主之名，行獨裁之實。

牽涉到評判一個人的好壞，而利用多數絕不見得就能趨於正確。人有隱藏的多面向，不見得在所謂人格評選大會上得到好評的人就一定會一直好到底，縱然一個十惡不赦的大壞蛋，在親人朋友眼中也會被寬恕體諒，從前爛帳一筆勾銷。

依孔子之見，我們只需從自身著手，尋找出善的意見，不管在眾意當中的比例多少。人人持善，社會家國自然趨善。

…………

盧梭：眾意與公意之間經常有很大的差別，公意著眼於公共利益，眾意則著眼於私人利益，眾意只是個別私意的算數總和。

…………

問人於他邦，再拜而送之。〈鄉黨〉

孔子託人代爲問候遠方的友人親長，必向這位使者再拜而送之，以表誠敬，如同面對他要致敬的人一樣。

古時候交通不便，境內又地大物博，若不是在市中心，住所鱗次櫛比，才可能省卻鄰里往來，舟車勞頓之苦，否則通常一個鄉里距離下一個鄉里，可能要走上好幾天的路才會抵達，於是就利用村裡有人要出趟遠門時，順便帶點東西，捎點信息給遠方的親友，這當中只消付點兒盤纏給那幫忙跑腿的人，他便樂意幫忙代辦。

夫子果眞「禮多人不怪」，除了跑腿費之外，他老人家還親自向他磕頭致敬，不僅表達感謝之情，還把他當成自己眞正遠方的親友，有人因此懷疑孔子的矯情造作，認爲他是演戲給別人看的，以證實自己理論的言行合一。

事實上當時孔子在魯國境內，已普遍獲得王公貴族或是平民百姓的敬重，他自不需要再以此來沽名釣譽，而夫子值得尊敬的理由，亦正是他整體的一統性，現代人日常生活中常把客套用語掛在嘴邊，「請、謝謝、對不起」，除了從小父母師長的教導之外，漸漸地也演變成我們待人接物的基本禮貌，有時甚至會不假思索脫口而出，讓我們在無形當中贏得更多情誼。

…………

托爾斯泰：自我提升既是內在也是外在的工作，人在改善自我的同時，不可避免地必須與他人溝通，影響自己，也受他們影響。

…………

益者三友，損者三友。友直，友諒，友多聞，益矣；友便辟，友善柔，友便佞，損矣。〈季氏〉

對我有益處的朋友有三種，對我有損害的朋友也有三種。和正直的人做朋友，和誠信的人做朋友，和見聞廣博的人做朋友，這是對我有益處的。和善於逢迎諂媚的人做朋友，和表面裝得很和善實際上卻一點也不誠懇的人做朋友，和善於花言巧語的人做朋友，對我卻有所損害。

當過台灣的國中生一定對這些句子不陌生，這一則收錄於國一的國文課本，是他們接觸孔夫子的起始，一群半大不小的孩子隨著咱家老祖宗搖頭晃腦，逐字逐句地誦讀，讀到在他們這個年紀最在意的朋友，告訴他們要謹慎交友，結交對自己有益處的朋友，遠離對自己有害處的朋友。接著更進一步把好壞的定義白紙黑字寫下來。

過去風靡台灣青少年的Ｆ４，當年在流行偶像劇中被塑造成一個「橫行霸道」的小集團，四個人的交情「固若金湯」，不容外界破壞，彼此之間互信互諒，生活點滴共同分享，只不過在外人看來，他們仍屬惡霸一徒。

說起來人挺有趣的，從小就組織起「小圈圈」這樣的玩意兒，他們性情相投，絕對忠誠，互相塡補靈魂的空虛，甚至禁止「外人入侵」，深怕破壞了原有的平衡關係。問題就出在「小圈圈」的組成因子。每個人都是獨立的個體，性情不同，個性迥異，能吸引前來與你爲友的人，大約彼此本質相當，兩個南轅北轍的人要在一起，除了機緣，還要那麼一丁點運氣。余秋雨先生說過：「在友情領域要防範的，不是友情自身的破碎，而是邪惡的侵入。」一些爲數不少的犯罪案例的起始都肇因於誤交損友。

友情，本身單純美好，人人心嚮往之，每到一個新環境渴求知己的慾望相當顯著，保持它原有的純美，不使之變質，需要先從自己做起，體認朋友的眞意，用友善眞誠的態度去擁抱朋友，沒有目的，一個接著一個，一個影響一個，朋友圈會接連擴大。

…………

葛拉西安：沒有人完美到不需要一些適時的建言。不知察言納諫者，是無可救藥的蠢夫。我們都需要一個能無拘無束對我們苛責進言的朋友，一個能推心體己的人做鏡子。

…………

三人行，必有我師焉。擇其善者而從之，其不善者而改之。〈述而〉

三個人同行，其他兩人都是我的老師。看到好的地方跟著學，若是缺點就作爲借鏡，用來改正自己。

從一個起點出發往目的地前進時，沿途上有許多路口、交通號誌，一個不留神轉錯彎，路況若熟，只需再花點時間，找回原路不是問題。生命裡存在的關卡有之，如何選擇往自己希望的目的走，得靠個人智慧。「擇其善者而從之，其不善者而改之。」孔子體驗出成功人生的要訣。

與人交往不論存在怎樣的關係，夫妻之間、同事朋友之間、上司下屬之間，隨著接觸的內容、時間，加深加廣，越來越能發現每一個人的特質，長處短處一一浮現，結局通常有極端的兩種版本，一種，爭執越演越烈，看對方老大不順眼，關係就在吵鬧、復合反覆的動作下崩解，於是夫妻成了怨偶，同事相互猜疑，至於老闆老是在背地裡無辜背負上「豬頭」、「變態」等負面印象的綽號。另一種，善於欣賞對方優點，留意發現別人的長處，很容易與人作朋友，即使是缺點，也能用友善的態度告知，配合天時地利，決不在最難讓人接受的景況下，以最嚴厲的口吻直指其短。

行爲的善與惡，本是人世間存在的客觀事實，既然事情沒有絕對，以更寬廣的角度來看，二者皆足以爲師。善者，固然效之；惡者，把它當成心目中的一面鏡子，時時觀察省視，鏡子裡的那個人永遠做的都是相反的動作，看在眼裡，心頭當然凜然一震，猶如當頭棒喝。

…………

愛默生：人應該做自己認爲是對的事，而不是一味跟著大眾的建議走。

…………

匿怨而友其人，左丘明恥之，丘亦恥之。〈公冶長〉

把心裡的怨恨隱藏起來，表面上還裝著跟這個人很要好，這種人，左丘明以為可恥，我也以爲可恥。

「匿怨而友其人」的嘴臉你想像得到嗎？表面功夫做得徹底，明明心裡怨得要死，可是外表上卻裝得跟他很好的樣子，其精湛演技，外人實在很難判斷出眞假，看來奧斯卡頒獎典禮上一定有他一份。可能是礙於情面不好意思「發作」，故而和對方維持短暫和平；也可能心中另有意圖，有求於對方不便「發作」，待時機成熟，翻臉同翻書一樣。

然後你可以不告訴別人你就是這樣的人，因爲自始至終你都隱藏得很好，除了你自己沒有別人知道原來你有多不喜歡他。這樣的人際關係每天在我們四周出現，司空見慣，尤其孩子自小被教養成知書達禮，以和爲貴，絕大多數的人將此視爲委曲求全的作法，我對他夠忍讓了，還想怎樣？以至於虛僞地陪笑臉變成一種處理人際關係的常態。

如果從今天起，我們開始教導孩子一個「抒怨」的觀念，眞誠估整個人際關係的比率或許就多些，假若你我之間僅止於點頭之交，要產生怨懟的比率顯然降低，反而問題在真能「友」，又何「怨」之有？朋友間遇到怨氣，若因基於友誼不便解決，等到「火山爆發」時，如何抵擋得住滾燙的泥漿？

…………

托爾斯泰：要以愛待人，包括那些對你敵視，讓你不高興的人，愛敵人是對愛的眞正考驗。

…………

朋友死，無所歸，曰：「於我殯。」朋友之餽，雖車馬，非祭肉，不拜。〈鄉黨〉

朋友死了，沒有親人殮葬，孔子便來擔任殯殮的工作。朋友送來的禮物即使像車馬那樣的貴重，不是祭肉，就不接受。

孔子是個眞性情的人，從他與時人交往的過程知道，他從不隱藏對朋友的眞心，相互之間的餽贈在乎誠意，就算對方送我一輛保時捷，當拒絕對方絕不推託，理應接受也不會不好意思。「祭肉」一詞的意義並不單純只講那塊肉，古人將祭祀視爲重要大事，凡屬於族內之人方得進入家祠，而朋友願意把敬拜祖先之後的物品拿來與我分享，就表示把我當成他的親人一般。

人與人之間的情誼無法從有形看得到的東西上衡量價值，而華美物品背後所代表的意義亦非單純地、單方面就能判斷出來。管夷吾和鮑叔牙若眞計較起來，就不會成就齊桓公的霸業，張劭與范式的約定也不是憑藉對方的名氣大小，才得以千古傳頌。

一個「義」字啊！通財之義、知遇之義、捨身之義，是朋友了，就肝膽相照，而能正確辨別「祭肉」意義的人自然和公理正義站在同一陣線，而非只固執於假象的或對社會國家有害的朋友之義了。

…………

西方諺語：人握拳來到這世界，彷彿在說：「整個世界都是我的。」但人離去時，卻是攤著手掌，彷彿是說：「看吧！我什麼也沒帶走。」

…………

晏平仲善與人交，久而敬之。〈公冶長〉

晏平仲與朋友交往相處以善念為出發點，時日漸久，大家相予敬重。

晏平仲，齊國大夫，名嬰。這位矮個子宰相，相信諸位應該不陌生才是，如果我沒記錯的話，我那個年代的小學課本裡，記載著有關他能言善道的故事，「橘踰淮為枳」的典故就是他的傑作。

孔子說：「晏平仲善與人交，久而敬之。」時間越久就越能受人敬重，頗有「路遙知馬力，日久見人心」的意味，歸究其原因則在於「善與人交」。不過我認為此句不宜理解為「善於與人交朋友」，易流於刻意，好像上了什麼交友課程等著驗收成果似的。事實上夫子是欣賞晏嬰待人的眞誠，「善與人交」即「與人交為善」，程頤先生說得好：「人交久則敬衰，久而能敬，所以為善。」能這樣與人交往才算是善。

孔子讚賞晏子的交友之道，可見得他也期許自己能成為這樣的一個人，有德君子靠的不是外貌、錢財來贏取別人的友誼，而是一份眞誠實在的內涵，從頭至尾，一本初衷，不管遇上什麼樣的人，態度仍舊不變。

上篇也記錄了夫子平日與朋友交往的情形：「朋友死，無所歸，曰：『於我殯。』」為死去的朋友出資殯殮，走到時間盡頭了，夫子依然對朋友敬重，這就是「善與人交」。

…………

拉梅爾：要讓友誼成為學問淵博的學園，交談成為斯文互益的場所，要以朋友為師，融學問之用與交談之樂於一。

…………

忠告而善道之，不可則止，毋自辱焉。〈顏淵〉

朋友有錯，我要忠心地勸告他，引導他至善處，如果他不聽，我也不再囉唆，免得到時候自討沒趣。

孔子凡事講求中庸之道，過與不及都不是好現象，與朋友的相處也不例外。身為好友，當然要善盡朋友之義，有令你不快的或者他的行徑讓你很不能苟同時，就要想辦法進行溝通，而不是放任，當作沒這回事發生，若你一直保持這種心態，那麼此心並非出自眞意，很快兩人會不歡而散。

在友誼的路途上最難能可貴的也就是這份相互扶持的貼心，問題癥結也就在這份貼近上，越親密的友伴，距離也越沒有隔閡。兩支齒輪它們要在轉動之前，都要事先計算好精良的齒痕軌跡，否則在搭配時會因為無法咬合導致整台機器停擺。磨練咬痕的過程最為痛苦，要彼此犧牲退讓，建立誓死完成的共識，當中轉動不順暢無可避免，可能是角度沒有切合好，也可能是角度切合得太完美了，緊緊相依，失去了那原本就該留下轉圜的餘地。

讓關係留點白，稍有距離的美感實際上更耐人尋味。不只在友誼上，親情、愛情同樣道理。

…………

拉梅爾：即使最獨立的人也應該理會友善的忠告，連爲人君主者也樂於向人學益。

…………

子食於有喪者之側，未嘗飽也。子於是日哭，則不歌。〈述而〉

孔子在有喪的人身邊吃飯，從沒有像平日那樣吃到飽足。這天弔喪哭了，就不會再唱歌。

每一個國家、民族、宗教對於死亡有不同看法，其儀式自然多所差異，不過基本上都代表著對死亡的尊重與逝者關懷。中國人對於死比較忌諱，不太公開談論，以往路邊搭起的靈堂，大人總告誡小孩不要直視儘量快速通過，避免遇到不該碰上的東西，雖說如此，傳統禮儀仍然規範孿多的，該有的儀式不能缺少。

演變至今，我們對於喪禮有其別於傳統的新解，像是：怕陰間銀行沒有提供大哥大、電視等，親人們要想辦法糊幾個燒過去。要是死者生前愛熱鬧，不請團電子花車女郎來助陣，就無法彰顯自己的孝順及往生者的身分地位，加上「五子哭墓」、「孝女白瓊」震耳欲聾的聲音在半夜傳來，擾人清夢。基於對死者的尊敬，多數人忍忍就過去了，並不在意，致使如此熱鬧的方式行之有年。

孔子對於喪家表以同情的態度，他並不特意表現自己的哀傷，給予生者一個尊敬禮貌的回應，別人失去親人如同自己失去親人一般，喪家食不下嚥，自己又何以飽食？平日喜歡唱歌的性情自然也收斂起來。孔子並沒有特別談論儀式禮節的約束應該怎樣，可知喪事的重點應擺在人的哀悼上，而非外在典禮的周全與否。

…………

托爾斯泰：沒有任何事比永久的仁慈更能美化我們的生活，或是別人的生命。

…………

夫子循循然善誘人，博我以文，約我以禮。〈子罕〉

夫子善於教導，講學有次序，既使我博學以文，又使我約行於禮。

先摘錄一段有關「神秘的十六號」的報導：

辦公室同事們談論的對象常是學生。那一年剛開學不久，坐在對面的王老師新接一個班級，才沒幾天就聽他喜孜孜地分享班上一位特別的學生：「他眞的很傑出，剛開學他就把他自製的注音版校園地圖分送全班。」當王老師把他的作品拿來給大家欣賞時，也不免被他的創意所驚嚇到，實在厲害。

接下來的日子我們也一直聽到關於他的新鮮事蹟。像是主動幫助同學，替大家排解糾紛，甚至當同伴便當打翻時，他也會主動分一半食物給他，又或者老師喉嚨不舒服時，遞上一杯膨大海。反正，王老師總喜歡提起他的寶貝十六號學生，可惜我沒有教到他們班的課。

終於有一次該班的科任老師請假，我便自告奮勇地代課，順便瞧瞧那位「神秘的十六號」，結果居然出乎我意料之外。一進去我特地看了十六號一眼，一副無精打彩的模樣，課堂上的簡單問題他居然也不會回答，連講課都得適時糾正他。

天啊！這是王老師口中的寶貝嗎？怎麼跟我印象中的差十萬八千里呢？王老師總沒必要騙大家吧！那爲什麼十六號的表現這麼差？我總想到「踰淮爲枳」的故事，問題難道出在我身上，把一個資優生教成問題兒童？

然而，我不是一個輕易放棄的人，於是我對十六號下了加倍的用心，下課後特意找他說話，請他幫我做事，漸漸他課堂表現越來越好，作業成績狀況明顯改善。後來有一次我拿著十六號剛出爐的優秀作品讓王老師欣賞時，才知道原來這個十六號根本和之前那個不一樣，以前的寶貝轉學走了，而這一個呢！卻是新的轉學生，一來產生適應不良的問題，許多老師都反應不佳，唯獨我。王老師不敢相信地翻閱他的作業，而長久以來我心中的疑惑終於解開。

我始終相信每個孩子都是潛力無窮的。

…………

康德：撫育孩子長大時，必須記得我們是未來的守護者。改善他們的教育，就是改善人類的未來，世界的未來。

…………

有教無類。〈衛靈公〉

人人都可以接受教育，在受教育的資格上，我不會作出任何區別。

孔子是主張公平教育的第一人，在二千多年前提出「有教無類」的主張，在孔子之前教育是專屬於王宮貴族的，一般平民子弟享受不到受教的權利，夫子曾說：「自行束脩以上，吾未嘗無誨焉。」只要自己拿著十條肉乾來拜見我，我從來沒有不教導的。時至今日國民教育約能百分之九十以上地落實，不分種族、性別、財富等，一律都能接受教育，而絕大多數有能力的父母只要孩子有能力想唸書亦會供他們繼續往上深造，隨著知識水準的提高，人人將受教育視爲當然。

顯然在現今的教育環境體制下，我們急需重視的課題不再是受教權無法普及的問題，而是應該反向思考，去關心部分被大眾遺忘在角落，不能接受完整教育或是學習有障礙的孩子。

立國今年十歲，早就到了該就學的年紀，卻因爲弱智雙親、貧苦家境，連遮風避雨的屋子都沒有，更何況上學。

小蟬今年十四歲，三年前我們在西門町街頭發現她，逃家、輟學已有一段時間，最近又與我們失去聯繫，聽說人在高雄。

偉杰今年十五歲，在一般正常的家庭長大，智力些許不足，就讀學校普通班，目前連自己的名字都寫不清楚，普通數學加減法一概不知，問他拿一百塊去買二十五元的麵包，該找回多少零錢，他支支吾吾答不出來，因而媽媽從沒放心讓他買過東西。

這些孩子，該是我們必須去注意留心的。

…………

托爾斯泰：一切教育的基礎在於建立我們與萬物起源的關係，以及我們行爲可能從中汲取的結論。

…………

行有餘力，則以學文。〈學而〉

行事尚有餘力，然後可以學習文藝等事。

孔子原句是說：「弟子入則孝，出則悌，謹而信，泛愛眾，而親仁，行有餘力，則以學文。」身爲一位二十一世紀的現代教師，拿這句話來解讀，理應有兩個方向要加以注意：一是生活教育常規訓練重於一切課本上知識上的學習。二是不要落入「行有餘力」的陷阱，以爲孩子若把上述一切做到之後，再無足夠的資質努力，也就放任他去，不去做督促的功夫。

在一次研習的場合中主講者期許教師要眞正發揮管教功能，以往的體罰懲戒已不敷需要，原因在於資訊科技的發展，學生不單只能由學校獲取知識，大部分情況是電視、電玩、小說、漫畫代替師長陪伴青少年，當老師的單一窗口角色受到衝擊時，他便不再是絕對的權威與專業，就某種層面而言，老師還得向學生取經。連帶的互動模式開始轉變，根據「人本基金會」的調查，最受歡迎的老師是「會管教學生又不會打人」的老師，其次才是「既管教學生又會打人」的老師，當然最不受歡迎的就是「不打人又不管教學生」。

教育要融於生活才算成功，各方面的都必須教導，當然老師並非萬能，一切的孝、悌、信、愛、仁還得加上家長的配合方能達成功效。新世紀的傳承需要再加油。

蘇格拉底：複雜的知識會佔用學生額外的時間，使他們不能專注於最重要也最基本的人類職志：追求道德的完美。

不得中行而與之，必也狂狷乎：狂者進取，狷者有所不為也。〈子路〉

不能得到適當的人才來教導，那就取狂狷這兩種人吧！狂者志氣高大知道上進，狷者謹守本分不肯作惡。

「得天下英才而教之」乃是爲人師者最樂意做的事，倒不是爲了彰顯自己的能力如何，能夠教出如此傑出的學生，而是一種「青出於藍」的喜悅。

昨天學校才召開本學期第一次的家長座談會，來的家長不多，可能時間安排在晚上家長出席意願不高，再者孩子都國三了，該操心煩惱的也說不通了吧！一般家長最關心的還是子女成績的問題，面臨明年度的基本學力測驗亦有許多不明瞭之處，正當我在口沫横飛講解的時候，一位家長提出一個挺尷尬的問題：「附近鄰居都說你們學校有能力分班，是眞的嗎？升學班的老師逼學生唸書比較嚴，普通班的老師都讓學生自己回家念，雖然我知道學生素質如果整齊一點，老師上起課來也比較輕鬆，可是，在普通班的學生不就被犧牲掉了。」聽完這位媽媽的問題，頓時我啞口無言，在力求常態編班的政策下，部分學校爲了維持「口碑」私底下還是會「逆向操作」，不過我任教的普通班其實還蠻常態的，班上功課好的學生有之，大字不識幾個的也有，整體而言素質不差。

不過在我任教生涯裡，我發現我容易犯的毛病，並非多關心指導那些成績優秀的學生，而是把注意力集中在某些言語表達或是學習障礙的孩子身上。依常理判斷，不同成績表現的學生所反映出來的外顯行爲也有顯著的差異，我們能掌握的狀況、教導的層面也不相同。每一個人在求學階段都渴望獲得好老師的教導，每一位老師也期盼不要遇到任何冥頑不靈的學生，事實上師生互動除了靠一點機緣外還需要一顆火熱的心。

馬志尼：我們是這個世界的暫時訪客，我們受過教育後就被召喚到不同的地方，然後離開人生。但人類的一般教育不斷延續，非常緩慢，但從不間斷。

子夏問曰：「『巧笑倩兮，美目盼兮，素以為絢兮。』何謂也？」子曰：「繪事後素。」曰：「禮後乎？」子曰：「起予者商也，始可與言詩已矣。」

〈八佾〉

學生子夏問孔子：「詩經上『笑臉眞燦爛啊，眼睛眞美啊，天生麗質又打扮得眞高雅啊。』是什麼意思呢？」孔子說：「先有美好的品質，然後可以加以修飾。」子夏又問：「禮也應當是後來修飾的吧？」孔子說：「子夏眞能啓發我啊！我可以和你談談詩經了啊！」

首先這是一場師生之間的精彩對談，在孔子的觀念裡，老師沒有絕對的架勢，與學生之間亦是自由靈動的對話，有疑問時夫子歡迎他們一塊兒來發問，師生的相互回饋每每能激盪出燦爛的火花。

《詩經・衛風・碩人》第一章寫衛夫人庄姜之美：「手如柔荑，膚如凝脂，領如蝤蠐，齒如瓠犀，螓首蛾眉，巧笑倩兮，美目盼兮。」從手指、皮膚、頸項、牙齒之潔白，到恰如其份的面貌、眉頭，而最值得稱爲美女的莫過於嫣然微笑，美目顧盼。這一位傾國傾城的夫人，我們沒有從她上了多少「窈窕身段」的美容課程，或拉了幾次皮，做過幾次果酸換膚來大做文章，甚至連她是否擦了「香奈兒」，抹上「SKII」，抿上「蜜絲佛陀」都不得而知，倘若夫人眞只是素淨著一張臉，就足以稱上是大美人一個，那她果眞是「天生麗質難自棄」，舉手投足之間都散發出懾人的美麗了。這般的美絕非時下庸脂俗粉，其善良純潔的心緒不辨自明。

孔子便說：「繪事後素。」一切可以令外貌更美麗的裝飾品即使再多，也不如一張原本質地秀麗的臉龐、一顆明淨的心。人有顧盼生姿之美，然後可加修飾臻至完美；人的性質純厚，然後學文學禮，修養才能更高一層。如果無可造之質，而欲妄加雕琢，或許淪爲「東施效顰」、「糞土之牆」等比喩了。

…………

托爾斯泰：知識是無限的，因此懂很多的人，跟懂很少的人之間，只有很微小的差別。

…………

性相近也，習相遠也。〈陽貨〉

每個人天生的本質並不會相差太遠，反而是藉由後天的教育習俗等的改變，使之差異越來越大。

人之初，性本善。性相近，習相遠。這是小時候人人朗朗上口的《三字經》的開頭。一般孩子都曾背誦過這幾句，第一句是孟子提出的「性善學說」，後兩句則在孔子的《論語．陽貨》篇裡出現。兩者湊在一起顯見孔孟二人的人性論是相似的。

我們在這兒除了明瞭夫子的「人性善」外，還有一個「習性」的問題可以與之討論。此處的「性」所謂何事？倘若是方才說的「人性本善」，那應該是「性相同」才對，而夫子卻說「相近」，可見這裡分明是孔子曾說過的資質差異的天賦的「性」。

人剛生下來天賦本性差異並不大，一般都比較接近，經過後天教育調養，環境薰陶，逐漸分出高低。試想：假如貝多芬根本生長在沒有音樂素養可言的深山中，他極有可能只是一名狩獵的好手，這就是「習相遠」，看來孔子很像是二十世紀「行爲主義學派」的開山鼻祖，相信透過特定的學習，人可以往他能夠發展的方向前進。

因此能夠決定人的發展條件，並不完全取決於天生稟賦，縱使按比率區分，眞正具有天生高智商的人也僅佔３％，其餘的普通人要超越原本智力所能帶來的附加價值，就必須懂得自我開創契機，教育的工作也正是在替每個孩子發揮無數的不可能。

…………

托爾斯泰：如果你教養人時只知道灌輸財富、權力與榮耀的觀念，他們長大之後當然只知道崇揚這些東西。如果你教養他們去愛，他們便開始活在愛之中。

…………

不憤不啟，不悱不發，舉一隅不以三隅反，則不復也。〈述而〉

如果他不先主動學習便不去開導，他如果他不想説話便不去引發他，如果舉出一隅而他不能照樣悟出其餘三個的話，便不再告訴他了。

程頤說：「憤悱，誠意之見於色辭者也。待其誠至而後告之，……不待憤悱而發，則知之不能堅固，待其憤悱而後發，則沛然矣。」

任何一位老師都希望自己上課內容能讓所有學生吸收進去，不過我們都當過學生，一般資質的，總會碰上上課分心的時候，思緒無法集中，人早已不知神遊何處了，老師說的話右耳進左耳出，連暫時居留權都沒有。若是資質再其次者，恐怕就只能專心於老師的冷笑話了吧！這樣的學生通常考試都不盡理想，老師就得想辦法提高他的學習效果，課後義務輔導，加強課業，付出諸多時間精力但成效似乎不彰。

問題出在哪兒？是學生調皮故意跟老師搗蛋，或者根本放棄自己，師長的關心絲毫不放在眼裡。狀況可能因人而異，問題的癥結還是在學生身上，老師、父母不能代替他學習，一切只能靠自己，願意爲學習成果背負責任的學生，他就會自動自發地學，不需要旁人點醒。而作爲他的老師該是高興喜悅的，只需負責提供源源不絕的知識，舉其一他就能反其三，教導他讀書做人的道理與方法，引導他到正途上去。

至於面對那些根本欠缺意願的學生，老師可就頭大了，諄諄善誘對他來講已經不管用了，幫助他解決生活雜事倒是眞格。夫子看來也是沒輒，一句「不復也」道出心中無限「悲涼」。現實生活中的老師有那麼輕易放棄嗎？答案是否定的。有些老師乾脆採用斡旋到底的態度，不妥協，不談判，要是一認輸，孩子長大仍是依然故我，無形當中又製造出一名書讀不好，又會打架滋事的不良少年。

天底下努力的父母與老師們，加油吧！

盧梭：存在世上的萬物原是一體，所有的人與事物都靜靜地尋覓快樂，只有沒有追求的人見到的是永恆的沉默。

二三子，以我為隱乎？吾無隱乎爾。吾無行而不與二三子者，是丘也。〈述而〉

你們或許以爲我藏了什麼額外的知識不教你們嗎？我實在一點兒也沒有隱藏，時時刻刻都與你們在一起，一切言行都讓你們看到了，這就是我孔丘。

孔子說，對弟子他沒有什麼可隱瞞的，每天都與學生生活在一起，把學生當成生活中親密的友伴。有的時候在老師眼裡，孩子不僅可以傳輸知識，一些小故事、小笑話都能與之分享，一天和他們相處的時間，說不定比家人還多，還有什麼知識技能是老師故意隱藏起來，不讓學生學習的？不像古代各大武功門派裡的小弟子，半夜偷偷溜進師父禪房，把武功祕笈、劍譜心經盜去，私下練習，想要日後青出於藍勝於藍。孔門弟子日日親近夫子，故能從平常生活裡，發現孔子不可企求的高遠修養、氣度，原來老師的行爲言語處處皆學問。

現代版的「孔夫子」雖不若孔子與學生的關係密切，（因爲嚴格說起來，還是有固定的上下班時間）但從早上七點到下午五點這一段長時間，都由老師負責安排活動，灌輸各科知識，可以帶給學生的東西實在太多太多了，尤其是年紀越小的小朋友，從上廁所到認識注音符號、英文字母，學習禮儀常規等等，都需要花心思，花時間，一點一滴教導，有時融入生活；有時變成知識灌輸；時而帶領活動；時而唱歌跳舞，簡直要十八般武藝樣樣精通。不過到了該升學的國中階段，有時礙於課程進度，難免落入俗套，「塡鴨式」教育應聲而起，站在第一線的教育工作者實在有不得不爲的苦衷。

假使是一個樂於奉獻的老師，你問他這一切值不值得，他會義無反顧地告訴你：值得，再辛苦也值得，選擇了教育就表示有勇往直前的決心，直到一天老了累了才會退下。這麼一位熱忱且毫無保留的老師，我想身爲他的學生也一定感受得到那平凡中的偉大。

…………

拿破崙：一個大英雄、大偉人，在他身邊關係最密切的人的眼裡，和常人沒什麼兩樣。

…………

卷四

孔子的中心思想是個仁

把「老者安之，少者懷之」的理想
複印到現今的社會福利上，
絕對是極佳的政策，不過
光只談理想不付諸行動依舊枉然，
而政令的推行亦並非百分之百順利，
總要在做中學，錯中學，才能一步步
改進以達完善，
即使沒有完美無瑕的作法，
也必定要堅持下去。

子釣而不綱，弋不射宿。〈述而〉

孔子用魚竿釣魚，不用魚網捕魚；射鳥只射飛翔的鳥，不射棲宿在樹的鳥。

釣，用鉤餌釣魚；綱，用長繩拉開大網，攔截逆流而上的魚群；弋，用綁著繩子的箭射殺；宿，宿鳥，停在樹上鳥巢中的鳥。孔子少年時代很貧窮，許多謀生技能他都學過，抓魚獵鳥對他來講是日常生活的必備「技能」，只不過「釣而不綱，弋而不宿」。

從這些每天不得不做的工作裡，也能見到其聖人仁心的一面。仁人愛物之心，對於鳥獸也同樣不忍，縱使迫於生計，他也只取自然界中該取的那一部份，可能和同行業者的「戰績」無法相比，失去競爭的籌碼，孔子依然不爲所動，不因爲自己瀕臨弱勢，就此低頭。

中國人一向是講究吃的民族，除了素食主義者，有極大部分的動物都可成爲我們的桌上佳餚，越是珍貴的食材，老饕們躍躍欲試的動機就越強，使得這些不知爲何自己珍貴的動物們幾近滅絕。熊掌、鹿茸、魚翅即使不成爲頂級食品，人類也有理由需要牠們，做皮衣、補身體、裝飾品，用途繁多，不勝枚舉。

事實上人類絕對不是地球資源的獨佔者，與萬事萬物若沒有共存共榮的心態，終有一天大自然反撲的力量會吞噬一切，包含我們創造出來的所謂文明世界，所以現在該是我們覺醒的時候了。

梭羅：就如母親會冒著生命危險保護與拯救她唯一的孩子，每個人也都應該保護拯救自己心中對一切生命的愛。

己所不欲，勿施於人。〈顏淵〉

自己不喜歡的東西，不要強加在別人身上。

人往往流於主觀，很多時候都是站在自己的立場做事情，思考問題，就算美其名替別人著想，卻也總是由自己的角度出發，替自己眼中的別人做事情，思考問題。這種現象最常發生在父母子女身上，世代的差距，觀念的隔閡，父母的期望雖然都是善的、好的，孩子們卻未必領情，說他不懂得體貼親心也好，不能明白父母的苦心也罷，總而言之，獨立個體之間的想法有時的確無法相通，透過溝通協調亦不見得成效顯著。

講一個最近在書上看到的故事。清代著名學者唐甄在《潛書・良功》一書裡舉出他太座的趣聞。其妻小時候和姊姊同睡一張炕上，姊姊要她驅趕蚊帳裡的蚊子，她很不情願，進得蚊帳，只趕走她這邊的蚊子就塞好帳子睡覺。保母看了覺得好笑，問她原因，她說：「哪有閒工夫幫姊姊趕蚊子呢？給自己趕趕就好了。」此事確實好笑，二人同睡在一張帳中，蚊子又不識人，怎知該咬姊姊還是該咬她？

社會可以就此比喻成這個大蚊帳，把自己討厭的蚊子趕到另一頭，牠還是存在。「己所不欲，施之於人」，怎能創造出共生共榮的環境？

……………

托爾斯泰：只有當人能爲別人犧牲自己時，愛才是眞實的。只有當人可以爲別人忘卻自己，爲另一個生命而活，這種愛才能稱爲眞愛。

……………

老者安之，朋友信之，少者懷之。〈公伯長〉

給老年的人以安適的生活，朋友之間互相信實，年少的人以關懷。

孔子有一天與弟子閒聊時，要所有人談談自己的志向，子路、冉求、公西赤、曾晢等都是孔門裡的優秀子弟。子路個性豪爽，講義氣，希望待人寬厚。顏淵謙虛內斂，嚴謹律己。而孔子的志向僅以簡單的三句話描述：「願給老年的以安樂，對朋友以信實，對幼少的以安撫。」充分道出孔子大同世界的政治理想，希望人人都能各遂其生，各得其所，是對其他人深厚同情心的自然流露。

把「老者安之，少者懷之」的理想複印到現今的社會福利上絕對是極佳的政策，不過光只談理想不付諸行動依舊枉然，而政令的推行也並非百分之百順利，總要在做中學，錯中學，才能一步步改進以達完善，即使沒有完美無瑕的作法，也必定要堅持下去。

大學時期一直都在服務性社團活動，舉凡育幼院、教養院、課後孩童輔導，無一不在我們「管轄」的範圍內。

長期接觸的結果，深深體會到有極多需要關愛的對象，需要我們用更多心力來持續下去，一個固定機關團體的認養，會比僅一、兩次想嚐嚐幫助別人的新鮮感的個人或單位要來得具建設性且有意義多了。第一次服務的印象最爲深刻。娟娟國小一年級，長得可愛漂亮，在上完新詩課的午後，直嚷著要我們帶她玩捉迷藏，開心的模樣，爽朗的笑聲，眞不知他的父母怎忍心將她捨下？還有一個小佩，雖然才小四，可是她知道我們來的目的只是陪育幼院的小朋友玩樂罷了，時間到自然就走，一點兒也不囉唆，彷彿注定我們帶不走什麼，也留不下什麼。

摩萊里：爲了鼓勵和支持人們互相幫助，互相感謝，爲了給人們指出向他們提出這些義務的時刻，自然界就十分詳細地規定：人們必須經常地受恐懼或安寧，疲倦或休息，體力的衰弱或增強。

仁遠乎哉？我欲仁，斯仁至矣！〈述而〉

仁道哪裡會遠呢？只要我誠心求它，自然就來了。

人是擁有自由意志的，行動思考在一定範圍內並不會受到限制，這種靈動的心念就稱之爲「仁」。孟子說：「惻隱之心人皆有之。」見到道路旁無衣無食的乞丐，若不會興起一陣同情憐憫，反而轉身躲開，此時仁心便像被生鏽壞死的鎖頭給封閉住，施展不出它的「威力」。

如果會自然而然升起惻隱之情，那表示內心深處的仁心蠢蠢欲動。那麼仁離我們很遠嗎？照這樣看來，似乎不，關鍵在於你想不想要，要，仁就來了，不需找一大堆藉口理由推辭。

且看人類身爲萬物靈長之異於其他動物鳥獸的差別。比方說老虎是肉食性動物，只要牠肚子餓想覓食，那麼不論是森林裡的野兔，草原上的羚羊，無一不成爲牠的腹中物。牛則是草食性的素食主義者。牠們的殺生不殺生，完全取決於自然的造化，牠們沒有選擇的權力，只能照著自然的規律服從。

但是人類就不是純粹聽從造物主的規劃，他有選擇的自由，後天教育養成的結果，使他可以親自參與生命的歷程，而非限制在既定的程式裡頭，只須一個指頭按下執行運轉。

我們有選擇的自由，選擇成爲一個什麼樣的人。

黑格爾：倫理是自由的理念，它是活的善。……倫理就是成爲現存世界和自我意識本性的那種自由的概念。

廄焚。子退朝，曰：「傷人乎？」不問馬。〈鄉黨〉

孔子的馬廄起火燃燒，孔子退朝回來，只問：「有沒有人受傷？」沒有問馬。

孔子是個重視仁愛的人，如果把人與馬相比，孔子當然選擇人，那馬呢？次等於人，莫非牠不是一種生命？

通常處理突發事件之時，我們會有相對應的應變措施，在最緊急的第一時間必須還能保持頭腦清醒，做出判斷，以期達到最佳效果。所以我們面臨選擇。

學生面對升學就業的考慮時，他也面臨了一項抉擇，走哪一條路才會是最好、最合適的呢？女孩結婚之前也面臨了選擇，不知是甲君的幽默風趣能帶給她幸福？還是乙君的優渥家境能讓她衣食無缺？

孔子當然不是不愛馬，萬物在本質上絕對平等，任何一種生命的形式都值得我們尊敬，只是在緊要關頭，他本性流露，愛人的念頭勝於一切，顧不得也來不及愛馬了，擺在第一順位的是人。

面對世事心中應該隨時擺著一把尺，作爲選擇的依據，孔子之於人就是一種選擇的尺規，在這種情形下必然貴人賤馬，當義利相衝突或並存時，心裡的那把尺絕對會做出最好的選擇。

叔本華：要尊重每一個人，不論他是何等的卑微與可笑。要記得活在每個人身上的是和你我相同的性靈。

當仁不讓於師。〈衛靈公〉

遇到該行仁義之時，就算對師長也不必遜讓。

「天、地、君、親、師」老師的角色在古時是神聖不可侵犯的。弟子拜師學藝所學並非僅止於學問知識，一般困苦家庭沒錢供孩子讀書，才十來歲的年紀便送他們到師傅那兒去學手藝，台灣早期經濟並不富裕，類似的學徒制度行之有年，學剃頭的，學裁縫的，學修理車的，學打鐵的，什麼都有，只要肯學就不是問題。

通常學徒家裡多半不有錢，吃住成問題的就由師傅供應，每天除了跟著他學功夫之外，家裡頭一些瑣事也得跟著下人（或者其他師兄弟姐妹）分擔著做，當作平日糧餉。有的時候師傅嚴厲些，入門功夫就得修練個兩三年，從灑掃等一些賤役工作開始，合格之後，師傅才肯讓你登門入室。

此時老師的角色亦父亦母，擔負學徒的一切言語行爲，倘若孩子在他手裡變壞了，他會比親生父母親還難過傷心，把這樣一個重擔背在身上，學生豈敢有對老師不敬之理，一切行事謙虛遜讓是很正常的。飯煮好了必定恭恭敬敬請老師先用，與老師出門也只敢緊緊跟在老師身後，絲毫不敢怠慢，想來以前「程門立雪」的故事不是沒有道理。

孔夫子自己也是別人的老師，他當然也贊同尊師重道的道理，這裡的「不讓」決不是在口頭言語上與老師犯衝，而是指行仁的這一件事，知道了，就勇往直前不可懈怠，不需半點猶疑不決，以老師的立場，他反而以你爲榮。

…………

托爾斯泰：沒有眞理就沒有仁慈，沒有仁慈眞理也無從啓口。

…………

夫仁者：己欲立而立人，己欲達而達人。能近取譬，可謂仁之方也已。〈雍也〉

仁者：自己立身於世，通達事理，也能推及於他人，能夠拿自己作比喻爲人設想，這樣也就可說是得仁之方法了。

「孔子的中心思想是個仁，仁的表現是：己欲立而立人，己欲達而達人，己所不欲，他勿施於人。」哈！以上是歌手卜學亮所演唱的「子曰」歌詞，當年大街小巷，人人傳唱，小朋友可能都還不認得孔子是誰，卻已經把這幾句歌詞倒背如流。而且當學校老師教到關於《論語》的課文時，也曾藉助阿亮的魅力，把這首歌當成學生學習的引發動機。

會不會背誦是一回事，能不能理解又是另外一回事。仁愛之人，自己想確立地位，就幫助他人也確立地位；自己想要事業發達，就幫助別人也發達起來，這樣做不只愛人，也愛自己。

孔子所強調的「立人」、「達人」，目標是要對他人、社會有益，極欲發揮儒家的積極作用，人與人之間的依附性提高，互助合作的機率增加，彼此能整合，減少分歧的空間，就更益於社會的整體提升。

……………

拉布呂耶爾：仁慈的人對別人施善，如果人因爲施善而受苦，他甚至會成爲更好的人。

……………

不仁者，不可以久處約，不可以長處樂。仁者安仁，知者利仁。〈里仁〉

一個不仁的人若讓他長期處於窮困的狀態，必為不善之事，要是處於順樂的狀況，則易流於驕淫。唯有仁道之人，才能安然行仁，明智之人亦能知其利而不忘行仁。

具體談論到許多行仁方案，一條加上一條，繁複至此，以為仁者果如神仙不食人間煙火，一天到晚光注意哪兒超出仁的界線，哪兒又不及仁的標準，為仁如此，豈不失了當人的樂趣？

事實上沒這麼困難，「安仁」的仁者行仁，沒有一絲一毫勉強，隨處去做便處處是仁。不論是誰，是賢聖也好，是凡人也罷，都是眞眞實實生活在人世間的人，觸目所及皆屬於人（仁）的範疇，以儒家人性本善的觀點出發，人有發自天性的惻隱之心，有身為萬物靈長的自然秉性，有足夠的心靈智慧去處理看待一切「仁」的問題。

「利仁」過去註釋提到：「利猶貪也，蓋欲深知篤好而必欲和之也。」強調了努力追求的狀態，倘若說得平實點，「利仁」不妨把它視為行仁的好處，以仁為利，即使一般人無法達到聖人安仁的境地，起碼我們也要能辨析仁與不仁的利害關係，追根究底起來，仁對我們的益處遠超過壞處，資質再駑鈍的人也明白，仁的投資報酬率最多。

…………

梭羅：最柔弱的植物可以生長在最堅硬的岩石之間，仁慈亦然，眞正仁慈與眞誠的人是無法抵擋的。

…………

唯仁者能好人，能惡人。〈里仁〉

只有具仁德的人，能眞正的喜歡別人，厭惡別人。

「惟仁者能好人，能惡人。」莫非仁者無敵，只有他才具備評審能力，如菩薩一樣公斷人世間的是非善惡，好人就親近他，壞人就遠離他。清代焦桐對此有所補疏，說：「仁者好人之所好，惡人之所惡，故爲能好能惡。必先審人之所好所惡，而後人之所好好之，人之所惡惡之，斯爲能好能惡也。」這一段幾近繞口令的話，不知各位看倌懂了沒，照這樣理解，仁者豈不成了極沒有原則、沒有主見的人嗎？寬大爲懷，容世間難容之事，每一個人的喜怒哀樂照單全收，活像廟裡供著的神明，有求必應。

後世學子解釋得太複雜了點，其實再簡單也不過了，仁者之所以能「好人」，能「惡人」，全在那顆清靜純潔的心，由於他的不存私念，性情純正，自能有資格可以讚賞別人，也有資格來厭惡別人。

一般人對人的厭惡喜好常流於主觀，今天因爲他曾是我的小學同學，「感覺上」素行良好，所以大力向老闆推薦他到公司來上班，卻忘了察看他原來是個慣於虧空公款的傢伙。或是人云亦云，大家都說好的就是好，此種情形容易出現在選舉的場合，對於眾多候選人，沒有一個特定的瞭解，就投給那個王某某說不錯的候選人，以前還曾聽說有不少老阿公、老阿媽，集體投給村裡熱心載他們到投票現場的人講的那個號碼的候選人。

多培養自己的那份仁心，屆時方可公正無私心地評斷他人。

格言：仁是人，以仁律己，就是把自己當人看。守仁就是守住自己，守住自己的性情。

居處恭，執事敬，與人忠；雖之夷狄，不可棄也。〈子路〉

日常生活起居要恭敬莊重，做事要認眞謹愼，待人要盡心誠懇，這三件事情，即使身在蠻荒偏遠的地方也不可廢棄。

從這三件事情看來，孔子所謂的爲仁之道，從來就不是多麼高深的學問，而是落實於日常生活當中的一些小舉動，透過不斷地實踐修養，慢慢達於人格中的完美境界，而生命中要面對不外是自己、他人與做事，三者若能妥善對待，便是仁的表現。然後，即使處於蠻夷之地亦不可把根本善心忘卻。

外國曾有這樣的案例發生，一個剛出生的小嬰兒，因爲某種因素在森林裡被母狼撿去扶養，結果他長大之後的模樣與狼沒什麼差別，動作習性簡直一模一樣，只是長相不同罷了，被發現以後研究人員曾經試圖要讓他回到人類的世界，結果證明根本不可能完全辦到，畢竟兩者之間的秉性差異實在太大了。

人類的模仿能力天生就不弱，看到一個模型在眼前，他很難不去跟著學，比如說孩子的氣質習性多少會受到父母的影響，同儕團體容易培養出一個獨特術語，綜藝天王、偶像歌手帶領的流行風潮最能打入青少年朋友的圈子，主要在於除了人的模仿能力強之外，還有一個極有力的動機，驅使人們不得不去仿效。因爲在模仿前，人們會思考是否具有模仿的意義與價值，我們仍然保有選擇的權力，不是任何東西來到跟前都照單全收的，所以蠻夷之地的風俗對華夏文化圈是不構成威脅的，反而我們會去影響他們，成爲他們仿效的對象。

「雖之夷狄，不可棄也」，當我們能規矩地用筷、匙吃東西時，即使到了蠻夷之地也不會跟著用手抓取食物，如果眞的這麼做了，理由可能是爲了入境隨俗，禮貌起見。這一套爲仁德之法，若已深耕於心，想強行挖走是萬萬不可能的。

魯金斯：就像一支蠟燭可以點燃另一支蠟燭以及千百支其他的蠟燭，人的心也可以照亮另一顆心與千百顆其他的心。

在邦無怨，在家無怨。〈顏淵〉

自己在邦國家族內外都不會遭受到怨恨。

此則是仲弓向孔子請教仁德的實踐條目。孔子建議仲弓，若是在待人接物方面可以恭敬慎重，那麼自己遭到怨恨的情形就可避免了。

想讓別人不至於對你有所埋怨，首先一定會想要把自己有可能遭怨的缺點通通改正過來，再消極一點的，乾脆隱藏壓抑自己的小毛病，不過通常時日漸久，狐狸尾巴就會露出來。我們不妨從另一個角度思考，把儒家「反求諸己」的功夫用上，再把「在邦無怨，在家無怨」多一層理解：學習讓自己不去責怨別人。

通常只要心裡怨氣一生，腦袋瓜就會開始不聽使喚，完全陷入負向思考，情緒大亂，旁人如何勸解都沒有用。有一種抱怨最惹人嫌，特別是彼此關係親密的人，他不但抱怨，還翻起舊帳，諸多陳年往事，早已不復記憶的又拿來炒冷飯，剛開始對方可能還能容忍你的抱怨，演變到最後不跟著抓狂才怪。

所以怨在開始醞釀的時候就要趕快有所警覺，做好轉換機制，試圖自我對話，儘量採取逆向操作，讓這股氣流還有轉圜的餘地，否則等到直衝腦門，大概一命嗚呼了！

…………

葛拉西安：抱怨總是使你喪失名譽。這樣做不會引來憐憫與安慰，反會煽起激情衝動和傲慢無禮，並促使那些聆聽我們抱怨的人仿效我們所抱怨的人。

…………

司馬牛問仁。子曰：「仁者，其言也訒。」曰：「其言也訒，斯謂之仁矣乎？」子曰：「為之難，言之得無訒乎？」〈顏淵〉

司馬牛問仁。孔子說：「仁者，他總是把話忍著不說。」司馬牛不明其意，又追問道：「只要忍住，不隨便說話就算是仁了嗎？」孔子說：「行仁何其難，既然做不到，話不能多忍著點嗎？」

訒，有把話忍住不說的意思。如此一來不就很痛苦？又不是戒嚴時期，或者牽涉到「白色恐怖」，話才不能亂說，否則會有性命不保之虞，有些人性子急躁天生藏不住話，講好聽一點是直腸子一根通到底，難聽一點就會給他一個封號——廣播電台。

夫子特別聲明的「其言也訒」，並非泛泛而論，其引發而來的問題絕不僅止於「廣播電台」的效應，而是擺在告誡司馬牛乃至其他弟子在爲仁的問題上。少說空話，多做實事，事情做來便不會流於敷衍苟且。引申開來，其他事情亦復如此，光講得一嘴好菜，不親自下廚，又怎麼知道是不是眞會燒菜。

夫子不是也有一章「古者言之不出，恥躬之不逮也。」強調言行合一嗎？在說話之前一定先考慮說出口的事是否眞能做到，否則說了等於白說，只是害得自己人格信用破產。所謂的「訒」在此具有「異曲同工之妙」，忍住不輕易說出口，把話放在心上千百回，反覆思量，就是看中這事兒勢必說到做到，爲得一個「誠」字啊！

任何事若都能套用這一個公式，其心先爲仁，跟著，所作所爲亦歸於仁。

托爾斯泰：保持沉默，讓你的口舌比你的雙手有更多休息。沉默絕不會讓你後悔，但多言會經常讓你後悔。

君子可逝也，不可陷也；可欺也，不可罔也。

〈雍也〉

宰我問孔子說：「如果告訴一個有仁之人：『有人掉到井裡去了，等待救援。』那麼要不要下去救呢？」孔子說：「君子當然會前去救的，但不會使自己也陷入井底，可以一時被人欺騙，卻不能昏昧事理。」

學生宰我在此可能是想故意跟老師抬槓，「仁」、「人」一語雙關，既是人道的仁，也是一般人的人，考驗仁者智慧，到底會不會奮不顧身搭救。這裡宰我也點出了一個迷思：時人認爲仁者幾近迂腐，見到路邊有人遇難，腦子裡只想著一個念頭，我要趕緊救助他，遲一秒可能他就一命嗚呼哀哉了，完全不顧自身安危，認定「殺身成仁」，便一股腦兒往前衝，犧牲生命在所不惜。

夫子看到宰我這個問題的延展性，對這個原本宰我以爲他會表示肯定的答案不以爲然，仁人當然能夠也願意做到捨身赴死，卻不情願因爲無知被欺騙而陷入進退兩難的僵局，君子除了有仁德之心外，還有智和宜。

君子智慧無庸置疑，他必須冷靜思考，正確判斷，瞭解事情之所宜，儘管如上所述，有人騙他說有人跳井，君子當然奮勇搭救，但還沒笨到也跟著跳下去的地步，那不就誰也活不成了嗎？他必定會四處搜索，尋找可以憑藉的外物力量，看是找繩子，還是請求支援，而非貿然亂無章法的急救。擴而論之，仁者無論處在怎樣危急的狀況下都能沉著應付。

…………

盧梭：純樸正直的人們正由於他們單純，所以難於欺騙，誘惑和甜言蜜語都對他們用不上，他們甚至還不夠精明地足以當傻瓜呢！

…………

父母唯其疾之憂。

〈爲政〉

父母親時常要擔憂子女怕他們生病，所以做子女的應當保重身體，不讓父母擔心。

有一件頂有趣的事，改過班上的作文題目「我的母親」之後，發現大部分同學的母親都曾經做過同樣的一件事：「有一次我病得很嚴重，媽媽三更半夜不畏風雨帶我到醫院看醫生。」「半夜，會到我房間看我被子踢開了沒。」一方面覺得好笑，明明課堂上的作文無從抄襲，怎麼每一個人的母親都一模一樣？另一方面也感受到親子間最直接、最動人的情感流動。

所有父母要是孩子身體一有什麼不舒服，鐵定憂心得不得了，看醫生治病不說，若碰上難癒之症，傾其家產，遍尋名醫，亦在所不惜。把一個孩子健健康康地拉拔長大眞的很不容易，求他一生無災無難，平安順遂，是最基本，也最奢侈的企盼。

屢見新聞報導裡「白髮人送黑髮人」的悲哀，簡直教人鼻酸，有些天災人禍固然無法避免，爲人子女若任意傷害自己的身體，獨留下傷心欲絕的老人家，就算離開人世也走得牽牽掛掛，按照宗教說法，到了另外一個世界定也不得安寧。

「身體髮膚，受之父母，不敢毀傷，孝之始也。」說了，總覺得老生常談，但我仍忍不住耳提面命一番：出生很奇妙，父母賦予你生命（姑且不論你的來到是否受到祝福、允許，或者其他），值得慶幸，延續它讓它豐盛是身爲人的責任之一，除非你根本不尊重生命。

…………

勸世文句：「珍惜生命是孝順父母的第一步。」

…………

今之孝者，是謂能養。至於犬馬，皆能有養，不敬，何以別乎？〈爲政〉

現在所謂的孝，以爲只要供養父母就行了，然而對犬馬之類的牲畜也能做到供養，若內心不恭敬，與飼養犬馬又有何差別呢？

隨著社會型態的日益轉變，昔日「百善孝爲先」的傳統思維受到衝擊，以往三代同堂的和諧已被小家庭模式取代，在和比較年長的同事閒談之中，發現現在想要與兒子、媳婦同住的父母並不多見，除非是客觀條件不允許，大部分傾向於分住，由兒女定期支付生活費，甚至連錢都免了，逢年過節記得回來看看兩老倒是眞的。

不知道有多少銀髮族存有這樣的想法，但我確信，要擁有較好的老年生活，一定要懂得如何規劃自己，光靠「承歡膝下」、「養兒防老」、「子孫滿堂」恐怕無法抵擋因衰老所帶來的失落感。孩子長大了，有他們自己的世界，若眞教養了個個孝順的好兒女，三生有幸，要是他們不僅不敬，連犬馬之養都做不到時，情何以堪。

新世紀孝道，年輕人要加緊學習，並非連孝順都枉顧，而是要從心體恤父母。爲人父母者，當養兒育女到一定階段，卸下部分重擔之後，也撥點時間關心關心自己，面對年華老去，做好妥善調適，會有一個快樂充實的生活的！

托爾斯泰：沒有人知道人類會走向何方，最高的智慧是知道自己要走向何處——邁向完美之境。

色難。有事弟子服其勞，有酒食先生饌，曾是以為孝乎？〈爲政〉

最難的是要對父母保持和顏悅色的態度。假使僅僅替父母做事，給他們吃飯喝酒，這樣豈能算是孝呢？

前一陣子，有一位父親在父親節當天，帶著大批媒體前往兒子的工作地點喝打兒子，指他未盡孝道，必須把幾年來積欠的學費歸還，只見兒子遮遮掩掩求老爸別打，背後原因聽說相當複雜。什麼事值得父子二人反目成仇？自古「清官難斷家務事」，因而社會上的家庭暴力事件層出不窮，有父親喝酒打人的，有母親打麻將輸錢的，有小孩惹事生非擺不平的，家家戶戶那本難唸的經，內容包羅萬象，一提起，搖頭嘆息，無力解決。

快樂！家除了是避風港，遮風蔽雨，傾倒情緒的垃圾之外，它還是個可以分享快樂的地方啊！爲什麼可以與一群好友歡唱卡拉ＯＫ，極盡瘋狂之後，回到家僅剩一雙惺忪睡眼？

太習慣家人的支持與包容，堅信他們會一路「挺」你到底，把不敢在老闆、朋友、情人、路人面前發的脾氣通通帶回家，忽略了家也需要經營與關懷。開始和顏悅色起來吧！一位專家說的好：「一個家庭的不快樂，實際上決定在這個家庭裡經常有好心情的人太少。」

…………

西方智慧：一個和睦的家庭是幸福的源頭，其重要性僅次於健康和良心。

…………

父母在，不遠遊，遊必有方。〈里仁〉

父母在的時候不可遠遊，雖出遊在外也一定告訴他們所在地方。

看過鳥類的生活型態，鳥媽媽到了一定時間，便急急忙忙押著小寶寶學飛，一邊耐心地教導，一邊還鼓舞他們飛翔的勇氣。放膽飛去，跨過這一步，將來廣闊天空便是你們遨遊的世界。鳥媽媽如是想。

風箏飛上天，憑藉手中的一段線，乘著風，飛。拉得緊，它會穩穩地、牢牢地順著風飛，放手，抓不住了，只能由它去。

看到兒子開始牙牙學語，等不及要他走路；會走路了，等不及讓他上學唸書；剛拿到他的第一張畢業證書，又等不及送他出國深造；終於盼到了這一天，居然等著他回家來看我。

我的兒子既不是鳥也不是風箏。走了，雖然常打電話回來，不過一顆心還是懸在他身上，見不到面心裡總犯嘀咕，不知道是胖了？還是瘦了？

你是遠方的遊子嗎？告訴父母你過得好不好吧。

勸世文句：在外面與朋友嬉戲時，不要忘了家中孤獨的老人。

父母之年，不可不知也；一則以喜，一則以懼。〈里仁〉

父母的年紀必須牢記，一方面歡喜他們的長壽，另一方面也恐懼他們的衰老。

從求學時代開始，每次遇到周圍好友生日時，總不忘送上一份小禮、一張賀卡，反而父母親的生日記得並不眞切，懂得獻上感謝的日子，一年裡頭寥寥可數，對最親密家人的愛，總是比較難以啓齒。每天相處，珍惜把握的心意鮮少萌生，也不覺得有一天他們會老，直到一天，聽朋友談起。

「爲了工作，好久沒回家吃媽媽燒的菜，沒想到今天回去突然發現她居然多了些許白頭髮，以前都沒發覺，歲月不饒人，他們眞的老了，以後假日我一定減少和朋友的聚會，帶他兩老爬爬山、郊外走走。」回到家，刻意定睛瞧爸媽頂上毛髮，爸爸還好，只是禿了點；媽媽前一陣子才染的一頭褐髮，已經不聽使喚，開始顏色斑雜地到處綻放。

果眞如朋友所說，爸媽的確不再年輕，只是這一猛然驚覺，倒教人承受不住，他們應該還是印象中那個對我耳提面命的人啊，怎麼就老了，慶幸的是，身體大致硬朗。

爲人子女面對這一刹那的感覺，起初一定很難接受，接下來「病、死」的過程必然會經歷，那麼，把這種感覺放在心上，時時提醒自己「一則以喜，一則以憂」，陪伴他們，如同他們伴你成長一樣。

西方諺語：一位商人娶一位公主為妻，他為她建造皇宮，為她買了很多奢華的衣服，並有數百僕人供她差遣。但公主仍感到無聊，覺得有所欠缺，不斷想到她的皇族出身。人的靈魂也是如此，即使世上的一切歡樂圍繞身旁，靈魂仍然會想家，想念它源起的地方，也就是被稱為精神的創始淵源。

事父母幾諫：見志不從，又敬不違，勞而不怨。〈里仁〉

父母如有過錯應該好聲好氣勸解：如果他們不聽，自己的意志不行，仍然照常孝敬不違，等他們高興時再勸諫；若眞不聽，那麼寧願因此受到責斥也毫無怨尤。

「代溝」是慣用於父母子女間溝通出現問題的流行用語，這個「問題」不限定好壞優劣，問題產生乃事理之必然現象，「一代」少說也有十幾二十年的差距，承受的社會背景不同，即使父母輩的很願意跟著孩子學習，一起吸收新世紀脈動，雙方的思想觀念雖不見得南轅北轍，但，生活上的衝突點仍然接踵而來，所以「代溝」發生了。

猶記得唸國中時，有一齣相當有名的戲劇節目，叫《愛的進行式》，我實在羨慕家庭裡面的爸爸媽媽，每次都能那麼有智慧地，幫兒女們解決生活上的種種難題，正值青春叛逆期的我，小小的，易受傷的心靈，總委屈地想：爲什麼我不能有一對像電視裡一樣的父母？大約自己太不知足，再大一點，明白了當父母也是需要學習的，逐漸在與子女的互動當中，抓到訣竅，取得平衡。

像我家老媽，等到女兒長到如花似玉的年紀，老擔心她與男友的親密交往程度，有事沒事就往事重提：「想當年，我跟你阿爸連手都還沒牽就結婚了，你們現代年輕人啊！不要太超過。」聽在耳裡，眞不知如何反應，心想：這個傳統老媽也稱得上稀世珍寶。於是，嘴巴一笑，不便爭些什麼。

當代溝產生，甚至如孔子所言父母有過時，身為子女仍不失孝順本意，若僅僅是生活上的小細節、觀念差異，溝通協調應該能夠化解，遇上牽涉到公理正義、是非黑白事由之時，得加上「弗陷父母於不善」的勇氣才行。

…………

沙迪：即使是薄劍也切不斷軟絲，只要一根頭髮，就帶得動一頭大象。

…………

愛之，能勿勞乎？忠焉，能勿誨乎？〈憲問〉

愛他，能不讓他吃苦耐勞嗎？忠於他，能夠不教誨他嗎？

「愛之」、「忠焉」。家庭理應以愛充塡，以信任爲基礎，兄友弟恭，孝順父母，和和樂樂。不否認家庭教育對一個孩子的啓蒙有切身的關聯性，若論起父母對孩子的管教方式，大概與父母個性有關，有的父母親開通，有的專制，有的嚴厲，又有的溺愛，過與不及對小孩子來說並不是好事。

孩子的成長離不開學校、社會、家庭三方面的教育，要培養出一個知書達禮對社會有責任的人，各個階段都擔負舉足輕重的角色，首先家庭父母即是第一線的「超級教育家」。有人說：「生小孩比較容易，教養他卻是相當困難。」時下生育觀已與以往不同，一對夫妻只生一、二個孩子，大可以集中資源培育，從小鋼琴、電腦、畫畫無一不學，而孩子的童年也早早被一些上不完的補習學校所取代，能提早養成他們的興趣，讓他們不致輸在起跑點上，固然不錯，卻也白白把和孩子相處的黃金時間拱手讓給別人。

因此把問題歸結回原點：自小與家人的互動，是孩子發展的關鍵時刻，而父母的身教言教，更牽動他們的行爲舉止，根據一些醫學報告，孩子有極大部分能力來自模仿父母，所以要成就出什麼樣的孩子，培養他什麼樣的能力，父母親必須付出相當努力，要教他拿筷子而不是餵他吃飯；教他疊被子而不是幫他做好。「給他魚吃不如給他一根釣竿」，不以正道教他又如何期望他做一個堂堂正正的人，整天出入聲色場所的家長，把自己小孩帶在身邊任他玩耍，美其名照顧小孩，這「照顧」之理從何說起？可悲的是，最近新聞報導就出現此一類的家長，情何以堪？

康德：追求舒適與理想生活的強烈慾望，是兒童的最大不幸，兒童應該自小就知道如何勞動，這是很重要的事。

三年無改於父之道，可謂孝矣。〈里仁〉

如果能接連三年繼續父親的志行，那才可說是孝順了。

在〈里仁〉篇裡這是一句單獨的句子，而在〈學而〉篇中，前面還加上兩句話，就是：「父在，觀其志；父沒，觀其行。」父親在世，兒子可觀察他的志向心情，父親死後，做兒子的就只能從父親所存留下來的行事遺跡來瞭解他的意願了。

孔子特別把父子之間的關係提出來討論，事實上，在中國傳統的社會裡，儘管養兒育女的生活重擔由母親一肩扛起，從吃奶、學步到日常習慣、行為瑣事皆由母親指導，爸爸在家裡的地位是外出工作打拚的角色，早出晚歸，回到家裡臉部表情通常不會太開朗，總是「刻意」營造出一付自古以來標準的「嚴父」面孔，但他的心情上始終不曾對兒子放鬆，那是一個自己生命的延續，身上留著與先祖一般相同的血液，心裡最大的期望無非是：我的兒子將來可以出人頭地，樣樣比我強。

胡適先生在他的《四十自述》裡提到：自小父親過世，由母親一手拉拔長大，但母親的教育模式，卻是要他時時刻刻記著父親的好，學著父親的好，她這一生只曉得這麼一個完全的人，必須要踏上父親的腳步，不能丟他的臉，跌他的股。一個寡居的農村樸實女子，教給兒子一個這樣的觀念，讓他始終以父親爲榮。

也或許正是這一層父子之間微妙心理因素，致使「恨鐵不成鋼」的心結，屢次在一對對的父子檔當中輪番上陣，而父親向來權威性大過母親，一些正値青春期的毛躁小子，難免與父親發生衝突，似乎正符合他們此時欲向威權挑戰的矛盾心態。

「一位酒醉的父親，因爲就讀國小一年級的兒子成績不理想，氣急敗壞之下，用球棒失手將兒子打死。」這是一則眞實發生的社會案件，除了凸顯酒醉之後的失常行爲外，更是另一層親子關係當中的隱憂。如果可以，不妨再多點空間，可以讓彼此喘息，不至於緊綳而破裂。

....

卡內基：用鞭子打罵孩子，他可能暫時會聽父母的話，可是如此粗暴的行爲必定招來禍患。

....

卷五

居家、生活、養生

誰是賢人？不斷學習的人。
誰是強者？懂得限制自己的人。
誰是富人？知足的人。

食不厭精，膾不厭細。食饐而餲，魚餒而肉敗，不食。色惡，不食。臭惡，不食。失飪，不食。不時，不食。割不正，不食。不得其醬，不食。肉雖多，不使勝食氣。惟酒無量，不及亂。沽酒、市脯，不食。不撤薑食，不多食。祭於公，不宿肉。祭肉不出三日；出三日，不食之矣。食不語，寢不言。雖疏食、菜羹、必祭，必齊如也。〈鄉黨〉

孔子飲食以精細爲善，食物經久變味了，魚肉腐爛了，不吃。顏色變壞了，味道惡臭了也不吃。烹調不適當的不吃。不合時令的不吃。肉切得不方正不吃。佐料放得不當的不吃。肉雖多不使它超過米飯的量，只有酒沒有限制，只要不喝醉失態即可。從市場上買回的酒和熟食不吃。每餐必有生薑，不過不多吃。公祭的肉不留到第二天。家裡祭拜過的肉，存放不超過三天。吃飯時不交談，睡覺時不說話。祭拜時雖然都是素菜，態度依然十分恭敬。

哇！怎麼孔子對於飲食的要求如此之多呢？會不會過於嚴苛？其實只要仔細觀察就會發現：雖然繁複瑣碎，不過現代的新養生觀念已隱含在內。

例如：雖然以前食物採現場烹煮方式，既沒有防腐劑的發明，也無法眞空包裝加附保存期限，因此更要衛生，注意食物的清潔，除非是一般的醃製品，擺個三兩天不成問題，否則食物很快就會變質，用我們現代的飲食觀念來解釋，的確很難想像當時的生活是如何，不過講究得越精細，越能確保自己的健康。

隨著物質生活日益精進，大魚大肉的生活已不敷日常需要，現代人講求健康，若是生活無虞，腐爛發臭的食物當然不會吃，似乎更著重食物的養生機能。

一般人聞癌色變，根據實驗證明發現若能從飲食運動加以控制的話，罹患率得以下降，因此不少人一窩蜂吃起有機蔬果，喝起綠茶。不過爲了減少病症發生，均衡飲食也得雙管齊下才行，一頓飯最好只吃個七、八分飽，避免暴飲暴食，遠離過份刺激的飲食習慣，像是嗜吃超辣、極鹹等口味，焦黑炭烤的食品也儘量少吃。原來有太多「致癌物質」充斥四周，而是不是從此遠離就能免於病痛，可能也沒如此絕對。

但是健康還是一切財富之本，不管你是減重族還是增肥族，別讓自己的負擔加重！

西塞羅：忽視健康會妨礙你服務人群，過度照顧身體與注重健康也會有相同的結果，爲尋求中庸之道，你應該適度地照顧身體，以協助你服務他人。

子之燕居，申申如也，夭夭如也。〈述而〉

孔子閒居的時候，容貌泰然舒適，神色怡然和悅。

能記下這一則的弟子顯然與夫子相當親近，古時的師生關係並不像現代一樣，侷限在從早上七點到下午五點的這段時間裡，有空的時候夫子會帶領大家四處遊玩，或到家裡坐坐，因此老師的一言一行，可說是二十四小時全記錄了。

燕居指的就是平時閒暇無事的時候，申申形容心氣舒泰的樣子，夭夭則是形容神情愉悅的樣子，此刻不免教人聯想到《詩經》裡「桃之夭夭，灼灼其華」的句子，或者唐詩：「人面桃花相映紅」裡的滿園桃樹，莫非在弟子眼中夫子也像「加州蜜李」般的鮮豔欲滴？臉蛋紅潤，鮮嫩可愛。

姑且拿孔夫子開個小玩笑，他大人有大量該不會生氣才是。事實上孔子心繫天下蒼生，爲承繼中國文化道統嘔心瀝血，雖然肩上背負著沉重的負擔，閒暇時間他老人家還是很快樂的，在他身上，我們似乎看到一個身上苦樂參半，卻又恰如其份調和得當的學者。

再從西方哲學小語裡，談到感官之樂與境遇之樂來分析，孔子的快樂來自於兩者的平衡，原本鮮靈活動的內在時時保持生機暢達，何需藉由外物的推波助瀾才能獲致樂趣呢？

…………

邊沁：將快樂做分類，所謂人性易於感受的簡單快樂，是由感覺引起的，和由財富、技能、和睦、美名、權力等等引起的，說到底，無非是感官之樂和境遇之樂。

…………

曾皙曰：「暮春者，春服既成，冠者五六人，童子六七人，浴乎沂，風乎舞雩，詠而歸。」夫子喟然嘆曰：「吾與點也！」〈先進〉

曾皙說：「三月的時候，換上春裝，同二十幾歲的成年人五、六個，十餘歲的童子六、七個，在沂水裡洗浴，在那祭天求雨的神壇邊乘涼，玩夠了，便和著歌回家。」夫子嘆道：「我和曾皙有同感。」

沒等聽完曾皙的話，我的整顆心已經飛到窗外去，哪還需要孔子的點頭稱許，早就拍手狂呼。剛好也都結識一群愛好大自然的朋友，各式各樣的玩法，連我家老媽都忍不住羨慕起來，直呼我好幸福。是的，我就跟著這一群幸福的友伴，行遍天下，因爲有彼此，所以生命的記憶豐盈而美滿，有的時候這些片段會像是老舊的電影，一一放映，雖然顏色有些褪了，同樣不減當年的歡樂。而我也相信你的記憶放映室裡，也有類似的一部電影悄悄上演。

播放的時間已無順序，總還記得：那年元旦初踏草嶺古道。一年寒流來襲，我們還裹著厚重外衣，直奔貓空飲茶，儘管齒間打哆嗦，山裡頭也只剩我們四個遊人，卻是日後多次造訪貓空，再也不復見的淒絕之美。一年耶誕夜裡，一行人又突發奇想決定驅車前往九份，凌晨兩點零三分，應該還是好睡時候，居然身處從台北往九份的蜿蜒山路上，神智不清，聽著齊秦一首歌名叫〈懸崖〉，然後再帶著必看日出的決心，摸黑拾級而上，爬上基隆山，頭一次覺得有陽光眞好。要是再問我，我還有更多更鮮明的畫面可以播放給你看，然後再小心翼翼收藏起來。

同朋友出遊的感覺與家人大不相同，一個是可以很放心地跟出去玩，另一種則多了冒險犯難的精神。兩種都好，都有趣味。

…………

托爾斯泰：美，是神秘之自然法則的表現方法之一，如果沒有美，所有自然法則對我們來說，永遠是神秘不可測的。

…………

愼終追遠，民德歸厚矣。〈學而〉

喪盡其禮，祭盡其誠，那麼人民的道德自然會敦厚起來。

此語的版權歸於曾子，其實他無非也是傳述孔子的意思。曾參是歷代有名的孝子，相傳《孝經》即出自他的手筆，自古以來中國以孝傳家，因而曾子的這番話難免往「孝順」這一方面想去，即孝也要體現在親者死後的儀式上，盡其忠誠之義，摒棄奢華無意義的厚葬儀式，從簡單務實的方向著手，孝親本就是自然之事，過多繁文縟節反而流於排場面子、虛應故事。

「愼終追遠」一語的價値亦可以適用於天下一般事。「終」是結局，「愼終」與「愼始」相對，從一開始的努力計畫達到事半功倍之效，一路行去，往目標理想的終程也相差不遠。「追遠」的「遠」不妨把它解釋成長遠的未來，「遠」字擺在心裡，做事計畫自然就會把它考量進來，正適時糾正社會一般短視近利的現象。

馬志尼：生命不是讓我們無所事事，閒散度日的，生命是一場奮鬥，也是一趟旅程，善應對抗惡，眞理對抗虛假，自由對抗奴役，愛對抗恨。生命是一項運動，要沿著人生的道路實踐那些以神聖的光輝啓蒙我們理智與心性的觀念。

惡鄭聲之亂雅樂也。〈陽貨〉

可恨那鄭國的淫樂擾亂了雅正的音樂。

原先這一則，是記述孔子對僭越正道的亂臣賊子深表痛絕之心，我們把其中一段關於樂曲的部分借用過來，作爲平日休閒生活當中音樂的註解。

與上古時代不同的是，我們有諸多不同種族、語言、身份、形式、背景的歌曲音樂同時存在，而且每一個人不但能自由選購，還能自我創作，只要喜歡，平常在家洗澡隨意亂哼的幾個小音節，也稱得上是音樂，差別就在於一個是私人的，一個則是屬於普通大眾的。

與音樂相關的話題幾乎是聊不完，因爲它充斥在我們生活四周，孔子所謂的雅樂淫樂的區別，在現今看來倒不十分嚴謹，至今尚未聽說有淫樂的存在，即使是時下流行的搖頭樂曲，也是由於外在所附加的意義，而跟歌曲本身並無關係。推論之，音樂無罪，通常讓它蒙上一層陰影的正是人類本身。

身爲樂曲的創作者、使用者，應該要以更神聖的態度來要求自己，創造出好音樂及正當使用音樂，都必須靠自我約束的力量，才能使混亂的音樂市場趨於平和穩定。舉個簡單且極普遍的例子：盜版光碟、網路私自下載MP3的問題甚是棘手，需先由自己自清自律，否則市場亂象只會更加嚴重。

…………

柏拉圖：音樂中的非法因素容易悄悄滲入人的性格和習慣，再以漸大的力量由此流入人與人之間的關係，再由人與人的關係肆無忌憚地流向法律和政治制度，終於破壞了公、私諸方面的一切。

…………

祭如在，祭神如神在。子曰：「吾不與祭，如不祭。」〈八佾〉

祭拜祖先時，如同祖先就在眼前，祭神時，也如同神明就在眼前。孔子說：「如果我沒有親自參與祭祀，仍然如同沒有上祭一樣。」

祭拜儀式在古老中國佔有重要的一席之地，不論是視爲和先人的溝通，或是祈求神靈的庇護，都有其存在的必要性，深植於中國人心中。

不過對目前的新新人類而言，已經漸漸搞不懂什麼儀式，當然也無從體會孔子這份誠敬祭祀的心意，頂多知道準備鮮花素果，拿香祭拜，口中唸唸有詞，接著把買來的紙錢丟進「金紙亭」，就算是完成儀式了。若心中有所求還曉得可以求神問卜，抽個籤，求「聖筊」，表示神明允許你的願，再請廟公解詩籤。

宗教信仰的多元化，使得青少年不必侷限在哪一個特定的宗教團體，謹守著怎樣的儀式，他可以很虔誠地在教堂裡禮拜禱告；可以很清心地吃齋禮佛，打坐誦課；可以很熱中學習「八家將」、「乩童」、「七爺八爺」等陣仗；也可以心中無所信念，該祭拜的時候跟著，朋友上教堂的時候隨著，更多時候躲在家裡睡大覺。

這是一個自由自在的時代，只要願意去做，不傷害妨礙他人利益、安全，基本上都不會受到太多限制，在自由的信奉主義裡，依然不能忘卻的是一種虔敬的心情，少了這一個部分，再多偉大的狂熱的神也不會保佑你平安順遂，更遑論私底下做了傷天害理的醜事。

托爾斯泰：禮儀的所有外在標識都含有高深道義的基礎，而且同時地傳播這種標識與基礎才是眞正的教育。

飽食終日，無所用心，難矣哉！不有博奕者乎？為之猶賢乎已！〈陽貨〉

從早到晚只顧肚子餓了沒，一點也不肯花點心思在其他有意義的事情上，這種人眞是難以教誨了！不是有那種賭博鬥棋的人嗎？尚且肯花心思，總比不用心的好！

各位看倌千萬別誤會以爲孔子是舉雙手贊成賭博，甚至開設賭博性電玩、賭場（事實上孔子的「博弈」指的是下棋一事），記住，孔子說這事可是有前提的，他們只比那些整天遊手好閒、無所事事的人來得強些。

不過我倒覺得此話應該修正，因爲如今一些無所事事的中輟學生，他們的賭技、電玩技巧恐怕不輸大人，正因爲沒啥事好幹，整天泡在電玩店、網咖裡面，技術想不日益精進也難，他們也花心思，只不過用在不是大人認可的事情上，此行徑已令家長們傷透腦筋，政府三令五申欲規範網咖業者，諸多限制目的是要「照顧」我們青少年朋友，可惜孩子們不管多遠多晚都還是會往那兒鑽去，只消一溜煙的功夫馬上報到。業者還以促進經濟繁榮爲由，希望政府不再「打壓」，否則市場眞的很難經營，於是紛紛祭出能夠吸引年輕學子的法寶，無限暢飲、低廉消費、寬頻速度，法寶是有，只要風潮持續，不怕沒有客源。筆者服務的國中屬郊區學校，可是班上孩子資訊的流通速度很快，經常涉獵網咖的男生高達四成。

記得歷史上有不少名人、將軍都出身自街頭混混，他們也許識字不多，老粗一個，可是憑著交遊廣闊，膽識過人，亦能成就一番事業。殊不知咱們目前還在輟學，還在飆車，還在網咖徹夜不歸的孩子有沒有這一份機緣了。

…………

孟德斯鳩：恆常的遊手好閒應該列爲地獄的折磨項目，但相反地，卻被認爲是天堂的樂趣之一。

…………

知者樂山，仁者樂水。知者動，仁者靜。知者樂，仁者壽。〈雍也〉

智者通達事理，愛好流動不息的水。仁者安行義理，愛好厚重不移的山。智者心力常動，仁者性情常靜。智者自得其樂，仁者心寬年壽。

仁者愛山，智者愛水。山，長年綠意，是飛禽鳥獸的棲息之地，鬱鬱蔥蔥，吸納天地日月精華，若非「愚公」再世，否則還眞不容易請它移開腳步呢！孕育生命如此厚實，如同它守護千年的大地。水，流轉不止，輕靈如涓涓小溪，雄偉如江海大川，在中國人的意象裡充滿了智慧，它無形無狀，隨外界容器而定，可大可小，可圓可方。

崇尚智術之人，腦筋靈活，就像水一樣，在種種變化之中得到快樂。山的意象讓人與仁者做當然聯想，「體性不動，生物無窮」仁者內心忘我，把他人的安危放進心底一塊考慮，周遭群我關係思考得周周到到。安於天性之靜，不爲外物所遷。

而長壽快樂的秘訣就在這，美國醫學實驗發現，容易動怒的人和沉靜寬厚的人相比，未滿五十歲死亡的可能性要高出四倍，易動怒者隨時隨地都處在神經緊繃的狀態，腎上腺激素使其情緒激動、焦躁不安、血壓上升。保持心情開朗，多接觸大自然，看山、看水、看綠地，活得長些，久點。

馬洛利：人活在大地的目的，就是要與永恆和諧共存。只有如此，愛與智慧的普遍才能像穿過明亮的通道一樣，在人的身上流過。

鄉人飲酒，杖者出，斯出矣。〈鄉黨〉

鄉里之間的人飲酒，一定等到長者飲罷才離席，之後我也跟著離開了，絕不會怠慢。

這一則所敘述的是關於當時鄉里間（古制以一萬二千五百戶爲一鄉）類似慶典活動的情形，夫子陳述他該守的分寸。

鄉人飲酒在《周禮》這本書裡有特別記載：它是類似一種考察人民德行操守，推薦賢能之人的盛會，席間鄉大夫以敬酒來表達對賢者的尊敬。直至清朝，每年還會固定邀請地方耆老，宴設於公堂之上，表示官方政府尊老重德之意。另外，杖者指老人家，古禮「五十杖於家，六十杖於鄉，七十杖於國」，同樣手杖也具有表意的意味，今見甲古文或金文「君」、「父」等字裡頭，皆以手杖來象徵年資、地位。孔子在這樣極富敬老尊賢意義的盛會裡，充分體現出他對長者的敬意，其去留以長輩爲依歸，席間陪著尊長說說笑笑，這對他們來說應該是最貼心的關懷，因爲一般老人家喜歡與人爲伴。離開之後，年輕小伙子要鬧酒、玩通宵，夫子是不會多說什麼的，年度盛會嘛！孔子也不會不通情理。

把它過渡到我們現代生活的實例，一般人的聚會、應酬、喜宴都相當頻繁，身處一個宴樂環境中，該把持的原則還是不能忘記，雖說已不需要「杖者出，斯出矣」，但一群人歡天喜地，熱熱鬧鬧，在氣氛烘托、酒酣耳熱之際，數盞黃湯下肚，神智不清之時，幹了啥事都不知，不可不慎。

…………

西方格言：誰是賢人？不斷學習的人。誰是強者？懂得限制自己的人。誰是富人？知足的人。

…………

鄉人儺，朝服而立於阼階。〈鄉黨〉

每逢鄉人迎神賽會，必穿著朝服，立於東階，以示誠敬。

儺祭是上古一種民俗的稱呼，部分地區目前還保持著此一傳統。古人認爲歲末之際，陰盛陽衰，易有鬼役出沒，儺祭於焉而生。祭典時舞者頭帶假面具（儺面），手執兵刃，擊鼓奔走，挨家挨戶搜尋，把想像中的鬼役驅趕出去，宋以降，漸演變成一種純娛樂性質的節目，失了原先意義，反倒多了狂歡慶典的意味。

到底孔子「鄉人儺，朝服而立於阼階」的用意何在？基本上儺祭雖是古代禮俗，不過在孔子眼中卻近乎兒戲，已失了周文化人文傳統的精神。推想《周禮》還保持此一習俗，大概是讓人民有個喧鬧的節慶，平日辛勞得以抒解。孔子的作法其實很妙，他既不想像一般群眾頂著大花臉，手舞足蹈，也不願乾脆關起家門，圖個清靜，以顯清高，反而是把朝服穿戴整齊，站在阼階上（古代堂前的東階爲主人上下接待賓客的地方），一方面展現他全民參與的誠意，另一方面也不失祭典的肅穆。夫子果眞面面俱到，高明！高明！

塞尼加：自然界利用相同的物質，爲相同的目的創造我們，使我們互相關聯，因此在我們內部的某處，都有對彼此的愛。

席不正不坐。〈鄉黨〉

座位擺得不端正就不坐。

先來看看什麼是「席」，中國最早是沒有椅子的，相傳椅凳是隋唐時候由游牧民族那兒「借調」過來的，演變至今，有各式各樣的桌椅形式。所謂的席與目前日本、韓國還保留的「坐姿」相似，大約用一個墊褥當成坐墊，雙腿盤坐在上頭，吃飯宴客都與此息息相關，至於是不是和日劇一樣，劇中布置均採和室塌塌米格局，就必須再深入研究。現代人如果不習慣這樣的坐姿，包準你只要坐上一個鐘頭，馬上不堪負荷，兩腿發麻。孔子的學生倒有趣，觀察老師的一舉一動，發現要是席子擺歪了，夫子一定放正之後再坐。

於是你有一個疑問：哇！孔子會不會太「龜毛」？席子並不固定，歪來倒去乃屬正常，如果他連這一點都要斤斤計較的話，那他眞是一個有「精神潔癖」的人，事事拘泥小節，算不上俐落大方。不過，說實在話，如果你一定要這麼想也沒有人說你錯，純屬個人觀點不同罷了。

席子正不正的問題我們暫且不需把它放大來看，硬是「雞蛋裡挑骨頭」，不妨把它套用在于右任先生說過：「小處不可隨便。」的公式上，夫子純粹是一種生活教育上的好習慣，就像一般人平常的禮儀一樣，如廁完畢會沖水，離開座位會記得把椅子靠攏，諸如此類，謹代表夫子日常的修爲，而事實上每一個人都可以著手進行。

拉布呂耶爾：讓別人變得難過與無法忍受的缺陷，自己卻常覺得無所謂。人們往往沒有察覺，當你提到別人的這些缺點時，其實你描述的正是自己。

益者三樂，損者三樂：樂節禮樂，樂道人之善，樂多賢友，益矣；樂驕樂，樂佚遊，樂宴樂，損矣。〈季氏〉

有三種喜歡的東西是有益的，有三種喜歡的東西是有害的。喜歡研究禮制的節文和音樂的節奏，喜歡稱讚別人的好處，喜歡結交賢德的朋友，都是有益的。喜歡驕奢淫樂，喜歡放蕩無度，喜歡偷安逸樂，都是有害的。

每一次只要放完週休二日的假期，禮拜一上班總覺得特別累，每一個禮拜五天的工作天一結束，期待已久的週休假日來臨，身心都跟著放鬆，如果不想伴隨塞車人潮出遊的話，通常一般人的選擇會是待在家裡，然後租幾片ＤＶＤ看個它天翻地覆，一檔接一檔像是要把前一檔期的院線片看完不可。左手拿零嘴，右手拿著電視遙控器，整個身體癱瘓在沙發上，任時間匆匆流去。原先放假的美意是希望人們在二天假期裡可以好好休息，沒想到被整天排滿行程的節目給累垮了，不是朋友邀約，就是窩在電視前面觀賞通宵的電影，「星期一症候群」當然發生。

難不成沒有更好的選擇？四十八小時通通拿來殺時間，著實太浪費了，何不培養一種興趣，把嗜好與休閒活動結合，喜歡音樂的人，會懂得找唱片來聽，或者乾脆自己彈奏樂器；喜愛運動的人，星期六一到，鐵定一溜煙就消失蹤影，原來是在球場上打球。而習於遊藝之人，睡到日上三竿才起床，下午沒事可做就成群結黨騎車蛇行，哪兒人多就往哪兒走，漫無目的。眞所謂：群居終日無所用心。又怎能在自己的課業或工作上有所表現呢？

…………

托爾斯泰：人類的一切努力幾乎都是爲了悠閒的人更能享受他們的餘暇，而不是爲了減輕勞動者的工作。

…………

不為酒困。

不因飲酒過量而受困。〈子罕〉

印象中中國古代文人嗜酒者居多，陶淵明的造飲輒盡，期在必醉。李白的飲酒撈月傳說。一方面成爲文人雅士的風趣之談，另一方面也爲他們的肝臟負荷捏把冷汗。再來看看我們夫子的飲酒觀：〈鄉黨〉篇記載著：「惟酒無量，不及亂」的說法，每道食物孔子都有所要求，要煮熟，要精潔，否則不吃，唯有酒沒有節制，一個要求：不醉即可。不過對於我這個不諳酒品的小女子來說，到底喝多少才算醉，而飲酒的人興致一來，眞能說不喝就不喝，怕等會兒醉酒出糗嗎？根據外子的酒論，這黃湯下肚果眞心底麻酥酥，上了癮頭想不喝也難，而且酒量是可以訓練的，喝多了，「抗醉功」亦能增強，對嗜酒者而言，追求好喝或是高級年份久的酒，時有所聞，甚至興起收藏的念頭，不單喝酒還兼品酒。

台灣的飲酒文化也很有趣，普遍一點的，三五好友邀約小酌，以前古代有「杯酒釋兵權」之說，今日咱們是「杯底建交情」，男人酒一喝，什麼都好談，所以不少生意人、大老闆夜夜進酒家，目的在那客戶手上幾千萬的訂單，此時可苦了我們女性同胞了，酒喝了之後免不了要有娛樂節目助興，於是從早期的秀場型態，到酒家伴舞，還有ｐｕｂ的鋼管秀等等，花招百出，最後竟演變成「醉翁之意不在酒」，酒反倒成了販賣女性爲主的陪襯物了。

可見孔子的「不爲酒困」時至今日自有其警醒作用，不管是眞被酒困也好，還是因酒而引發出諸多一連串的問題也罷，事事都是「適得其反」，走到死胡同裡有你瞧得咧！

托爾斯泰：讓自己上癮不是一種罪惡，而是爲犯罪暖身。

子不語：怪、力、亂、神。〈述而〉

孔子不談論怪異、暴力、悖亂、鬼神之事。

孔子說他向來不談論有關「怪、力、亂、神」之類的事，我們想想也對，孔子的性情平實，凡事講求依正道而行，如何會去熱中這些荒誕之事？若是哪天眞由孔子嘴巴說出，恐怕誰都不信的。幾千年來我們深受儒家思想影響，其學說的中正和平早已深植人心，一些偏離常軌的現象狀態，我們都盡可能不去談論信從，否則容易趨向無知愚昧，接著盲從，這是儒家所不願意見到的結果。

由古鑑今，會發現怎麼傳媒、報章雜誌光怪陸離的事件越來越多，誰的氣功足以劈斷磚頭，誰的魔術足以把原本巨大的建築物變不見，又是哪一件犯罪分屍案，記者把經過鉅細靡遺的完全剖析，層出不窮，讓人眼花撩亂，到底是媒體競標收視率的緣故，還是觀眾根本樂於觀看，在平日無聊的生活當中尋找僅存的刺激。原本報導的用意也許藉以懲戒警示，欲將社會風俗帶到善良光明的那一面，往往人性習於模仿的慾念卻被忽略於後，反倒立意不彰。

這些新聞事件天天輪番上陣，想關掉視聽，清靜清靜耳根子都不太可能，不過，我們也會發現平常喜於道聽塗說怪力亂神之事的人，多屬缺乏修養品味，有見地、有學識的人，他的態度就顯得公正，能判斷是非，自我審視，諸如此類的事件自不能影響他。

馬志尼：人在某種自覺的層次上，會瞭解自己的超自然成分。

季路問事鬼神，子曰：「未能事人，焉能事鬼？」「敢問死？」曰：「未知生，焉知死？」〈先進〉

子路問孔子侍奉鬼神的道理，孔子說：「活人都沒能侍奉好，怎能侍奉死了的鬼？」子路又問：「敢問死了之後的世界又是怎樣呢？」孔子說：「還不知道生的道理，怎能知道死的？」

記得我小學三年級的時候，有一度極害怕黑暗，害怕自己的眼睛突然失明，害怕自己突然死掉，失去知覺，沒有餓的感覺，沒有痛的感覺，從此世界上沒有了我這個人，那麼到底我去了哪？印象中有一位心理學家分析過，孩童到達一定年齡以後，會去思考生死的問題，他會很好奇：我是從哪裡來的？媽媽要怎樣生出我？

孔子就子路這個人人好奇想問的問題做了回應，他反問子路，從根本上取消了他的問題，要求子路把精力放在現實世界中，而非浪費在不著邊際，也沒有一個活人能回答的無稽問題上，應該先求活著如何侍人，避而不談鬼神問題。

有神論或是無神論不是孔子想要爭論的問題，他的理論方法是讓人把世間人做好，不必採用妙招，硬是拿天國地獄的力量來懲戒活人。不過中國後來演變發展的道教佛教又與此說不同，當然沒有必要去分出誰好誰壞，是非對錯，各種教義原則上都是勸人向善，懲惡罰凶的。只是若事理發展至極致界線，不加以約束，往往超出原先預期結果。說個笑話：明代有一個人宣揚教義，大談輪迴報應，宣稱不殺生，誰要殺了豬或牛，下輩子就會變成豬或牛來抵債，而且殺什麼變什麼，那怕踩死一隻螞蟻也是如此。當時有個人接著說：「那我倒不如去殺人，因爲等到下輩子還債時還是個人。」可見勸說爲善的道理，經一曲解胡謅，違反理性，反而好笑。

郝拉克利特：人過著美滿的生活時，對現在的時刻感到快樂，不會想到死後的事情。如果想到死亡，他看到自己的人生開展得如何順暢，會相信死後的一切必然和現在一樣美好。

卷六

為政者必讀守則

當政即當正，
處事端正，
用人以德，
自己為善，
老百姓會跟著做善事。
推廣論之，古今中外皆適用。

舉直錯諸枉，則民服；舉枉錯諸直，則民不服。〈為政〉

舉用正直的人，捨棄邪曲的人，人民自然就會信服，假如反過來任用邪曲之人，而捨棄正直的人，人民就不肯服從了。

政治說起來很複雜。孫中山先生曾說：「管理眾人的事情就叫做政治。」當然這僅取其中簡單的說法，事實上只要牽涉到「人」的問題，事情就會變得複雜起來，當一個個獨立的個體群居在一塊時，一人一種想法，一人一張嘴巴，要不是有高明的管理模式，確實很難教每一個人信服。

而「政治」的產生乃必然現象。當「人」這個個體逐漸擴張時，數量增多，由家而族而群，隨著數目激增，自然會有「公眾問題」發生。比如飲水、糧食不足時，勢必遷移到一個可以供這麼一大群人自給自足的地方，或者就地尋找其他來源，甚至教導人們如何生產，所以自然而然會有一個較具「領袖特質」的人站出來領導其他人，目的很簡單，就是創造出一個人人滿意的居住環境，安居成了最基本的需求。

因此這位領導者就要具備傾聽民眾聲音的特質，以往人數不多時的聚落式時代，意見統整速度較快，處理起來也很單純，當這個聚落人數各方面達一定的飽和程度時，他就不可能面面俱到了，只能從中實行大多數人贊成的意見，要求少數者的配合與諒解，所以信服不信服的問題，始終環繞著自古以來乃至今日的政治環境。

以下的篇章多爲論述孔子對於「政治」的看法，從中我們也能窺見他的政治理念，而今日台灣的政客們，期望你們能認眞仔細從《論語》裡得到一些什麼。

…………

雪萊：這個世界所犯的最大錯誤，莫過於將政治學從倫理學理分開來。

…………

道千乘之國，敬事而信，節用而愛人，使民以時。〈學而〉

治理一個千乘的國家，必須實行以下幾項善政：一是自己要敬重政事而守信用；二是節省財用愛護人民；第三要挑選適當時機徵用人民。

以上所述可以將它視為孔子的施政綱領，亦即他的王道理想。通篇而論此為實施一國內政最低限度的必要條件，一謂以身作則，屬於民心之事，二謂利民，三謂安民，均偏重民生方面。

這番話聽在目前台灣民眾的耳裡，不知是不是有些氣憤難平，因為不知道從什麼時候開始，已經嘗不到以往「台灣經濟奇蹟」所帶來的甜蜜果實，長久以來台灣人被政治變天、天災人禍、持續攀升的失業人口，及屢屢跌破谷底的股票市場給壓得喘不過氣來，或許是事出必然吧！總會有走到低潮的那一天，人說：「富不過三代。」台灣早年的榮景在一片全球不景氣聲中再度重挫。

身為領導者實際上都很清楚，一般人民需要的先是基本的民生需求，然後才有餘力思考到其他，諸如民主自由等較為抽象化的問題，民不聊生，怨氣難免高漲，思緒自然較無法理智冷靜，若做出不可預期的衝動行為，歸咎其因，顯然出現整體時局未帶給民眾一份安逸感。

親愛的台灣政府，您們應該聽到升斗小民的心聲了吧！

康德：社會的改善只能透過個人的道德改善來達成。

為政以德，譬如北辰，居其所而眾星共之。〈為政〉

以仁德施政，好像北極星一樣，高居靜處在星座上，讓眾星圍繞擁護著。

翻開中國歷史，發現我們老祖宗的確具有博大精深的文化道統，歷代以來，多少侵入中原的異族被我們文化所感染，多所學習模仿，細觀中亞、東亞地區鄰近中國的國家，他們的語言、文字、風俗或多或少都看得到中國的影子，縱使我們曾經是如此積弱不振，也絲毫不減損我們中華文化的光芒，原因何在？

磁鐵同極相斥，異極相吸，即使遠遠的，它們也會想辦法在一起，然後另一頭也遠遠地排斥著。人說「十年修得同船渡，百年修得共枕眠」茫茫人海尋覓眞心伴侶，陪伴對方情牽下一輩子，傳說有一個月下老人，冥冥之中牽起紅線，小心翼翼把兩個人綁在一塊兒，使得千里相隔也會捎來情緣，若是沒緣沒份，近在咫尺，「一個向左走，一個向右走」也只得相見不相識。原因何在？

那麼「爲政以德，譬如北辰，居其所而眾星共之。」該是事理之必然。總會有一個原因告訴你，這兒是我想住的地方，驅使你喜歡這裡，就算是自小土生土長的故鄉，它不美麗、不發達，你還是會留下來。一個治理完善的國家，總是會帶動許多移民潮前往，原因顯而易見。

············

恰寧：地位賦予某種表面的權威，但這權威少見與其人才德相符，因為位尊權重之人，命運經常罰以才不稱職，德不稱位。

············

不患寡而患不均，不患貧而患不安。〈季氏〉

一個國家不害怕人民、國庫缺少，而是害怕不能均平；不愁人民窮困，而愁不能安樂。

以一個國家的立場，不必過份擔心財富總量少，最應該擔憂的反而是貧富不均、苦樂不一的問題。

國父早先提出的民生主義，就特別重視均貧富的觀念，就我個人所能理解的範圍，中山先生亟欲創造出一個樂利富庶的社會，在此前提下，政府必須兼顧到每一個人的需求，而實際上貧富差距，事理之必然，但身為領導者必得想辦法盡量縮小這個差距，因此在公共政策上勢必有所調整。

舉個簡單的例子，租稅方面政府即按照個人所得依比例徵收，也就是賺得多的人所繳的稅就越多，集中全國稅收，各機關單位進行統籌分配，有一個部分顯然不能被遺忘，就是照顧社會上的弱勢團體，孤苦貧困者都應該盡可能給予照料，如此一來每一個人享受到的資源才會平均。當然這是屬於比較消極的作法，積極政策乃致力於提升全體國民的收入水平、生活水準，要有「同舟共濟」的體認，而不是眼看船要沉了，結果是想辦法把老弱婦孺丟下船以減輕重量。

接著從個人角度來看，人們倒不是怕收入低，感到不痛快的是，自己的錢比別人少太多；人們也不怕生活不夠富裕，最擔憂的是生活沒保障、不安定。一遇上民眾如此激昂情緒，政府有時候想疏導、想補救都已經無濟於事，中國歷史上即有不少糾紛起因於此。另外還有一件要緊事，避免失業率上升，引發人民對政府的不信任感，事實上失業引起的不安，遠比通貨膨脹導致的收入貶值更具危害性。

…………

西方智慧：不要以爲把多餘的財富送給窮人就是慷慨的表現，眞正的慷慨必須在你的心中爲對方留一個位置。

…………

政者，正也。子帥以正，孰敢不正？〈顏淵〉

所謂政就是正的意思，以您居上位若能率領著大家朝正道前去，還有哪一個敢不正的呢？

上其身正下孰敢不正？以身作則肇因於此，有時居上者製造一種氛圍，下屬基於居下的緣故，多少可以從中感染而達到預期的結果。由於季康子本身就不是經由傳統正道襲來的位子，於法不合，於是自家家臣也上行下效，霸佔屬邑，背叛主子，恰是自食惡果。

好的行爲能使人隨之仿效，壞的行爲亦是如此。以前就常聽到這樣一個小故事：有一個非常刻薄不孝順的媳婦，老是趁著丈夫不在的時候虐待婆婆。一天媳婦因細故心情不好，一氣之下把婆婆趕到後屋的破倉庫，晚餐時就只拿一只破碗，盛剩飯剩菜丟到婆婆面前讓她吃，隔天沒想到今年才七歲的兒子居然要媽媽把那只破碗留下來，媽媽問他爲什麼，只見他天眞地說：「因爲以後我還要留給你吃啊！」

另外，據說當年劉備剛接納馬超作平西將軍時，還另加封爲都亭侯，馬超見劉備十分厚愛自己，和他之間的相處情形也就不特別講究君臣之份，甚至直呼劉備的表字。關羽見了相當氣憤，請求殺了馬超，劉備始終沒採納。後來張飛想了一個妙計，一天劉備正召集群臣大將商討國事，馬超進入官邸，竟然獨不見關羽、張飛的座位，只見他二人手持兵刃，立在官邸門前當差，馬超見狀當然感到羞愧，連兩位與君主交情至此的將軍都如此敬重了，更何況是他馬超呢？

托爾斯泰：人們基於自私的理由做很多壞事，他們也以家庭爲藉口做更惡劣的事，但最卑劣的行爲卻是假愛國之名而行監視、不當課徵重稅、犧牲生命與作戰等行爲，都讓他們感到驕傲。

君子之德風，小人之德草；草上之風，必偃。〈顏淵〉

君子的德行，好比風；小人的德行，好比草。風吹在草上，草一定會隨風傾倒。

此語出自季康子與孔子的對話，季康子向夫子請教治國的道理，很乾脆，說得爽快：「殺壞人，親近好人，這樣的政治怎麼樣？」言下之意似乎還有些沾沾自喜，辨善惡、明是非，是一國君主最起碼應該做到的事。

思即至此，令人不禁連想到現今普遍國家的司法制度，一個聯想，新加坡。不知道你有沒有去過這個國家，整齊的街道舒服的環境，接著你會馬上發現這些成果，可以說奠基於完備的懲罰條例，不管是多枝微末節的小事，新加坡政府都幫你設想周到。公眾場所吃口香糖，罰；嚼檳榔，罰；放鞭炮，罰；穿越馬路，罰。警方執法人員無時無刻「藏」在角落，等著你來犯法，一般觀光客還能買到一件這樣的T恤，上面印著「It's a fun city.」而fun除了好玩之外，同樣也是罰金的意思，看來新加坡人很懂得自我解嘲，「祝你罰得愉快。」

不過孔子倒不以爲然，身爲人民公僕、地方父母官，哪能處處以殺人爲辦事標準，那是暴君流寇才做的事，雖說亂世不得不用重典，但也不該濫用，用之者也應該是諸葛亮揮淚斬馬謖的心情，而非僅是當作剷除異己的藉口。

當政即當正，處事端正，用人以德，自己爲善，老百姓自會跟著做善事。執政者的作爲好比是風，百姓的風氣好比是草，風往哪裡吹，草就往那邊倒。推廣論之，古今中外皆適用。

…………………

托爾斯泰：懲罰學的存在是說明我們假科學之名追求無價值，甚至有害事物的最有力證據。懲罰本身是人類歷來最無知、最具侵犯性的行爲之一，是人類在最低水準進化的遺跡，比孩童或是瘋子還要不如。

…………………

道之以政，齊之以刑，民免而無恥；道之以德，齊之以禮，有恥且格。〈爲政〉

拿政法來導正人民，以刑法使人民循規蹈矩，雖能避免犯罪，但心中卻無廉恥；若以德化教育，再拿禮制來齊平百姓，那麼，人民不但知恥，還能致力向善。

當大水來犯，民眾勢必先做好防洪措施，塡沙包、清水溝，撤離至安全場所，事先圍堵總比事後哭喪著臉整理家園要好得多。事實上，這還屬於消極作法，倘若平日相關單位能徹底做到疏洪工作，也不至於屢次遭受大水肆虐及民眾的怨聲載道。這是很顯明的例子，消極的補救不如先積極的預防，如此方能收事半功倍之成效。最近台灣民眾讀到這個例子，一定特別能夠心領神會，要是把它拿來作爲教導民眾守法知恥觀念的佐證時，想必更易於讓人理解。

政刑偏於消極，側重禁惡的一面，最多不過使人民降低犯罪率，並無從導之向善。相對的，德禮則屬積極，注重誘發人性淳厚善良的一面，以感化之法不僅使人信服，更進一步臻於信仰的境界。

古人有云：「有〈關雎〉〈麟趾〉之精義，然後可以行周官之法度」。〈關雎〉、〈麟趾〉是

《詩經》最前面的篇章，有仁厚德行之寓意。周官即《周禮》規定的政治制度，這說明政刑並非不好，也不可不備，但政治的立意擺在道德人心，縱使現代法律千條百款，卻無法禁止人民不犯罪，鑽法律漏洞，知法犯法的人處處可見，重點需在維繫人心，使人自覺，有恥且格，方是眞正的政治。

…………

傑佛遜：美國印地安人沒有法律，沒有懲罰，也沒有政府。他們服從每個人的本性對善惡的道德認識。

…………

令尹子文，三仕為令尹，無喜色；三已之，無慍色。〈公冶長〉

令尹子文，三次就任，並無特別歡喜的神情；三次罷官，亦無忿恨之情。

此則筆者並未盡錄，而把重點擺在爲官者之忠與清。子張就令尹子文於任內所發生的事來請問孔子，覺得這樣是否合乎仁，後來孔子的回答是否定的。

楚國官制令尹就是宰相，位極人臣，據載：子文從魯莊公三十年開始擔任此職，直到僖公二十三年讓於子玉，在職長達二十八年，期間有幾次被免職又重新復位的情況，而他在如此宦海沉浮的過程中，卻沒有什麼大喜大悲的表現，每次下台時也必定將任內任務一一交接清楚，毫不隱瞞，甚至《國語．楚語》稱：「昔子文三舍令尹，無一日之積。」在位去職時都是兩袖清風，該拿的糧餉就取，不該拿的一分一文也不會多。

能夠如此做的官員其實已不多見，可見子文的內心充實飽滿，自覺不需外求，也可自足，心中的天平份量始終維持平衡，三上三下喜怒不形於色，相對於台灣各大政黨推舉的候選人馬，極盡「臉色」之能事，時而激動，時而落寞，非得擺出一副關心台灣百姓疾苦的面目來不可，否則就是不夠愛台灣。

不喜不慍，不要以爲很容易做到，光看屢次頒獎典禮上，多少喜極而泣的得獎者就知道，當然外貌的表情是其次，重點在於內心是否感到平靜安適。

愛比克泰德：有人說至善就是自由，但如果自由就是善，何以自由的人還會不快樂？如果你看到有人不快樂，你便知道他不是自由人，而是某些事物的奴隸。

子貢曰：「有美玉於斯，韞而藏諸？求善賈而沽諸？」子曰：「沽之哉！沽之哉！我待賈者也。」〈子罕〉

子貢問孔子說：「有一塊美玉在這兒，是要藏在箱子裡好呢？還是拿去賣個好價錢呢？」孔子回答：「賣了吧！賣了吧！我在等待識貨者。」

沽的意思是賣，孔子把自己比喻成藏在櫃子裡的一塊美玉，等待識玉之人把它買走，既然買主識玉，就不會把它當成一般庸俗的物品，擺在一邊不去理會，而是讓它可以發揮更多更大的功用，把蘊含的價值發展到極致。所以儘管孔子懷有滿腹抱負理想，也並非急（寂）不可耐，降價拋售，像是跳樓大拍賣，半買半送。他寧可等待，即使過程漫長而寂寞，如同鄭愁予〈錯誤〉詩中那匆匆的過客，自家門經過，並不錯認爲歸人，錯誤的等待也不是孔子想要的。

有一段關於和氏璧的典故，那個堅持要把手中的珍寶獻給楚王的人，反被楚王砍斷手腳，因爲楚王根本不識貨。孔子終其一生的政治生涯，如寶馬，如和氏璧，沒有伯樂存在，他寧願選擇靜默，是看盡人生百態之後的靜默。仍然想要「賣個好價錢」的孔子，經歷魯國政治的腐敗（曾出任司寇，攝相事，相當於司法部長、代總理，只不過短短數月便離職。）此後周遊列國，期待遇上明君，終究沒能實踐他的理想。那麼聖人從此放棄了嗎？「我待賈者也」說明了一切，體悟到天下有道則現，無道則隱，美玉也可以藏諸名山，以待時用。

退居幕後，孔子成功地培育出弟子三千，讓更多開花結果的成就繼續綻放，這一點意外的收穫，想必是孔子始料未及的。

…………

托爾斯泰：他人留意到你蓄意搶眼，你的過人資賦會變成缺點，你將遭受冷落，得怪癖之譏。美得過火，也足以損名。鋒芒太露導致他人躊躇不敢接近。

…………

子路問政。子曰：「先之，勞之。」請益，曰：「無倦。」〈子路〉

子路問為政的道理。孔子說：「先以自身做榜樣，對於勞動之事搶在前做，人民自然服從無怨。」

好玩的是五千年前夫子的這一番話，在二十一世紀的今天，我們老百姓只要扭開電視機就可以觀賞得到。

殊不見前總統李登輝先生卸任之後，帶領大批媒體記者、隨護人員在自家門前撿起垃圾來，被視為熱愛鄉土、熱愛社區的好住民。

而前總統陳水扁先生，從一接下「九二一地震」的災害重建工作之後，就再也沒歇息過，舊的重建還未完成，新的災區陸續誕生，馬不停蹄地視察，傾聽民眾聲音。一次印象最深刻，「納莉」颱風剛過，總統到北部一處逢水必淹的地區視導下水道整治工程，在各家媒體鎂光燈下做出清理污泥的舉動，畫面定格，不明就裡的人還以為總統蒞臨哪一處的重大工程的開工動土儀式呢！

筆者想要強調的不是今天這個政商名流、領導人物做了多了不得的事，重點在於不管他們的方法是什麼，都想要傳達一個訊息，這麼一個小小的動作，執政者都願意放下身段去做了，全國上下都應該更齊心協力，把這些公共問題徹底解決，而非讓它們一而再，再而三地干擾你我，造成生命財產的損失。

…………

歌德：性格要優於你的工作所要求的條件，不可反之。無論職位多大，你都必須顯得境界更大。

…………

仲弓為季氏宰，問政。子曰：「先有司，赦小過，舉賢才。」曰：「焉知賢才而舉之？」曰：「舉爾所知；爾所不知，人其舍諸？」〈子路〉

仲弓做了季氏的總管大臣，請教孔子管理的辦法。孔子說：「事先分配，各司其職。遇有小過之人應當寬赦他。舉用賢能之人。」仲弓又問：「怎麼知道他是有才幹的人呢？」孔子說：「只要任用你知道他賢能的人就好了，至於那些你不瞭解的賢才，別人自然會去薦舉他。」

身爲一個團體領導人，不管所屬團體大小，時時刻刻都得面對諸多突發狀況，擔當的責任可謂不小，當組織架構成立之後，你自然會需要一部份的人來替你分憂解勞，此一工作小組就是你旗下的幹部，或者是幕僚人員，他們幫你擴充思考範圍，共同商討對策，解決問題，猶如人的身體四肢，大腦中樞下達命令之後，方能動作。

選得好，四肢左右各能協調，左手拿湯匙，右手舉筷子，一頓飯吃起來才會津津有味，要不，左手搶右手，右手打左手，如何安寧?走路的時候，一腳先一腳再跟上，才不至於雙腳打結，步調不一致，害得人跌跤。因此這個團隊要先能各司其職，各盡其力，相互協調合作，才能有事半功倍之成效，不然光是自己兄弟鬩牆就有得瞧了，內爭問題無法擺平，遑論共同推行政令以謀百姓。

而重要的問題來了，如何選擇這群伙伴？通常我們會先選擇自己較熟悉的人，一群具有共同理念的朋友，彼此同質性高，對事情的看法較一致，自然而然就湊在一塊兒，爲實現一個夢想而努力。時日一久，團體的規模越顯壯大，此時領導者的氣度也要隨著寬闊，不僅只有自己的親信才可以延攬爲人才，有能力有操守的人更是優先考量人選，況且適時加入異質文化、思想，更能刺激加速團體的向上提升。

…………

托爾斯泰：除非你沒有犯過錯，不要對別人的過錯多說一個字，只要養成不責怪別人的習慣，你就會發覺愛的能力在你的靈魂中滋長，你的生命也會更加美好。

…………

以不教民戰，是謂棄之。〈子路〉

把沒有經過軍事特殊訓練的平民老百姓拉去作戰，只不過是使人民白白犧牲。

當年九一一事件發生後，辦公室裡有同事批評，阿富汗的塔利班政權完全漠視人民性命，是個糟糕的政府，如果是他，早就把賓拉登交出來，或者將他驅逐出境，以免境內民眾遭到無辜攻擊。

接著有同事說：如果我是賓拉登，自己早早就把頭顱奉上，慷慨赴義，成就聖人之名，萬世子孫都會記住我的名。

又有同事持不同看法，宗教、民族性的差異使得他們不得不這麼做，身爲回教徒他們的眞理即是：一手拿可蘭經，一手拿刀劍，捍衛阿拉。阿富汗民眾街頭狂歡叫囂的原因是什麼？因爲美國人得到懲罰，賓拉登反而是他們心目中的大英雄。

而世界各國也無不關心此一局勢的發展，經過半百世紀的和平，誰也不願意見到戰爭發生，慘痛的記憶一經烙下，要想重新撫平難上加難，以前唸過的歷史裡南京大屠殺的照片還兀自淌血，一排排手無寸鐵的老百姓當成人牆、箭靶擋住槍彈，儘管事隔多年，民族的仇恨早該放下，可是一想起鮮血淋漓的場面，心還是不忍。

一個明智的領導政府，最不該的就是把無辜的人民送上戰場，自己還打著聖戰的口號，搖旗吶喊，要人民以犧牲性命換取聖潔之名，不保護百姓的生命財產安全，人民要你又有何用？

…………

托爾斯泰：戰爭引起的物質惡果很大，但和戰爭期間對是非的扭曲相比，仍顯得微不足道，而且扭曲會深烙在不加思考的人的靈魂中。

…………

無欲速，無見小利。欲速則不達，見小利則大事不成。〈子路〉

子夏做了莒父縣的縣官，請教孔子為政之道。孔子說：「做事不要求快，不要貪圖小利，求快必有尚未做到的地方，反而無法完成。貪圖小利則所成事小，反失大事。」

事實上「欲速則不達」不僅是當政者應該注意，把它應用在日常生活中，一樣屢試不爽。台灣話有一句俗諺是這樣說的：「吃緊弄破碗。」飯吃得急了，先是消化不良，再接著連碗都打破，下回吃飯的傢伙都得重新添上，得不償失。

做事情講究步驟、順序，現代人要求經濟，時間有限，凡事透過計畫，先在腦子裡轉過一遍，做起來才會省時省力，此時就會開始構思，哪個先做哪個後行，要是碰上一個急先鋒，想求事情之成效，硬是越過其中一個步驟略而不做，原本可以順利完成，沒想到事情卻在匆促忙亂中掛一漏萬，倒先嚐到失敗的命運。

對於逛街我算是頗有心得了，因為本人將之視為假日消遣活動之一，有時候本來只是很純粹的逛街，不過荷包往往在一攤又一攤的便宜貨色裡「灰飛煙滅」「屍骨無存」，一個個的「小利」集合起來也頗爲可觀，最後原先想要買的東西都因爲「阮囊羞澀」而作罷。我的購物經驗與執政之道、爲人處事相比，實屬小巫見大巫，不過由小見大，若只著眼於跟前小利益，一時眼花撩亂，可能已經搞不清楚自己的目標到底在哪裡。

「欲速則不達」。最珍貴的珠寶最費功夫提煉，因而其份量也最重。

…………

葛拉西亞：凡能流存久遠者，必費久遠之功方能做成。只有眞正的完美才能受人矚目，只有眞正的成功才能長存不朽。

…………

子貢問政。子曰：「足食足兵，民信之矣。」子貢曰：「必不得已而去，於斯三者何先？」曰：「去兵。」子貢曰：「必不得已而去，於斯二者何先？」曰：「去食。自古皆有死，民無信不立。」〈顏淵〉

子貢問爲政治國的道理。孔子說：「民生充足，軍備充足，民眾有信仰信從的心，然後國家始得安治。」子貢又說：「如在不得已的情況下，一定要去掉三者當中的某一項，那麼哪一件先刪呢？」孔子說：「先減軍備。」子貢問：「如再不得已要刪去一個，剩下這兩者又是誰先呢？」子曰：「去掉糧食。從古自今人皆會死，但缺了『信』卻是萬萬不能活的。」

讀完此則，果眞心頭爲之一「震」，說得眞有道理，從假設性的問題裡亦能見出夫子的智慧，食足兵強的年代我們不是沒有見識過，可惜漲潮會退潮，日升會日落，太平盛世也會因爲某些因素而漸走下坡，外在一時的強盛富足亦不會就此維持高峰，唯有內心的那份堅持才會伴隨家國社稷成長下去。「民無信不立」，「信」的內涵極爲廣泛，是誠信，是信念，也是自信，當人跌入谷底又孤立無援時，就只能憑一己之念往上攀爬，再多金銀珠寶也撿不回一條性命。通常這般情節出現在武俠小說裡時，主角就會攀至顛峰，接著成就武世絕學。

這些年來，我們經歷過太多感傷的事，還有諸多受難者的家屬，至今仍未從傷痛中走出來，由於自身的幸福見到別人的不幸時，常會有種爲什麼會這樣的感覺，世界如此美好，爲什麼總有遺憾固定上演？周遭紛紛流傳：「如果距離開人世只有一個小時的時間，你會做什麼？」「假設明天就是世界末日，此時門外突然響起門鈴聲，你想那會是誰？」欲從生命結束的那一刻開始澄清自我的價值觀，生命充滿太多不確定性，如不把握當下，誰能保證這一刻會持續多永久。

…………

雷吐諾：有暴力就會有戰爭，人不能以暴治暴，只能以不抵抗不參與來對付。

…………

或謂孔子曰：「子悉不為政？」子曰：「《書》云孝乎？『惟孝友于兄弟。』施於有政，是亦為政，悉其為為政？」〈爲政〉

有人問孔子：「你爲什麼不做官？」孔子說：「《書經》上不是說：『孝順能使兄弟和善。』能治一家的事，那也好比如治國，何必一定要做官才算治國呢？」

「齊家、治國、平天下。」家庭是最基本的治權單位，組成份子包括爸爸、媽媽、小孩，（一般狀況而言）可能還有爺爺、奶奶、叔伯、姑母等等，衍生出的家族體系若越龐大，連帶的問題相對越顯枝節。

以前家大業大的家族模式，要掌握的範疇還得包含下人，林林總總加起來近百人跑不掉，不僅中國如此，中古歐洲的莊園模式，自給自足，儼然自成一國，此時非要有一個大家長出來帶領不可，否則這麼多等著賞一口飯吃的人如何飽食？

劉容先生在〈習慣說〉一文中寫道：「一室之不治，何以天下國家爲？」父親以爲兒子連一個書房都無法整理完善，在缺乏良好讀書環境的情況下，又怎能期待他在課業上有所精進呢？由小見大，身爲執政者倘若家庭關係複雜，氣氛不和睦，如何寄望他能挪出多餘心力，致力於更棘手的國家大事呢？

想要把這個頭兒角色做得好的確不簡單，得統籌各方面的問題，各個親疏遠近的關係都要顧及，每個階層的人的需要都要去傾聽。孔子以爲假如能夠家家戶戶、各鄉各里都以謹愼治國的心態來管理，組織起一個大的國家，自是知法守禮，極具民族意識。

托爾斯泰：眞正的權力不在於片刻的需要，而在於完全的平靜。

苟子之不欲，雖賞之不竊。〈顏淵〉

只要居上位者清廉正直，人民自然感化歸正，即使獎勵他們作盜賊，他們也會感到羞恥而不做。

孔子當時的魯國，孟孫、叔孫、季孫三家貴族大夫，幾乎篡奪了魯國國君的地位，其中又以季孫氏爲首，家族世代掌握了魯國的權力核心，這一代的季氏領導者季康子，根據《春秋傳》記載原本不是嫡傳的子嗣，他是運用不當的手段才得來這個所謂繼承者的位子。

掌政的季康子對當時層出不窮的竊盜案，感到相當棘手，於是向孔子請益。孔子的回答正氣凜然，大大方方表達出他對季孫氏的譏諷：「假如你本身無貪欲，清廉正直，即使獎賞老百姓請他們做偷兒，都不會有人願意。」言下之意如果在上位的執政者知恥不貪婪，信守道德原則，那麼社會大眾也會恥於當盜賊。孔子超越了原先這個問題的侷限性，根本指出統治者與百姓的關係：上者若能正直不貪污，下面的人只要依樣畫葫蘆就可以了。

孔子思想中有許多精闢見解，主要來自於觀察現實生活的體悟，他積極提倡的「仁」既反映對百姓疾苦的關懷，亦是對執政者爲富不仁的抗議，甚至也在某種程度上，約束統治者作威作福的心態。

愛默生：只要內心充滿美德，就能找到幸福與快樂。

不教而殺謂之虐；不戒視成謂之暴。〈堯曰〉

事先不教導百姓，一旦有人犯錯就嚴懲（甚至處死），這叫做虐待；事先不告誡訓導，事成之後卻要檢查結果，這叫做粗暴。

以上是孔子對執政者的勸告。身爲群體當中的領導者，就要有其氣度、風範、智慧，不然百姓如何服從遵循，執政者不切確告知人民政令如何執行、貫徹，獎罰制度爲何，讓百姓像無頭蒼蠅般亂竄，不只無所適從，連哪天犯了法，進了監牢，都還不知道自己爲得是哪樁哪條，民怨油然而生。假如沒有辦法給他們一個明確的指標方向，沒有辦法教導他們往好的地方前去，沒有辦法保證有美好的未來，他們要你何用。

道理不需遠求，從治理一個家開始。如果父母平日寵溺孩子，任由他胡作非爲，待他長大之後，仍期望看到他成材的結果，那不是痴人說夢話？又再一個父親，整天喝酒鬧事，滿嘴粗話，一日偶然聽到兒子一句「三字經」，給了他一耳光，孩子怎麼有可能會服氣，當父親的豈不落入自打嘴巴的窘境。

既然我們的知識學問都先於後輩小子，又怎能讓暴虐之事發生？善盡教導之責吧！不論是誰，長到一定歲數後會有一定的成熟，社會階級中的關係一環扣著一環，家庭有兄弟（姊妹）；學校有學長學弟（學姊學妹）；公司有先進後輩；一個教著一個，豐碩甜美的果子會開滿整株樹。

托爾斯泰：要記得懲罰的欲望，是一種應該加以抑制的卑下獸性情緒，不應該出現在現實中。

既庶矣，又何加焉？曰：「富之。」既富矣，又何加焉？曰：「教之。」

〈子路〉

一國人民已經眾多了，還要用什麼法子去治理它呢？孔子說：「使他們富裕。」如果人民已經富足了，還要用什麼方法來治理呢？孔子說：「教育他們。」

一天孔子到衛國去，由冉有替夫子駕車，孔子看到衛國人口眾多，有感而發。冉有算是孔門裡頭具有政治才幹的一個，對政治議題極有興趣，故而問了孔子以上的問題。

一國人口除了自己本身的自然增減之外，（即出生和死亡）因外力而流動的人口數字亦會隨時波動，除非國家政治清明，民生富庶，社會安定，人民不會有想出走的念頭，反而吸引大批移民潮移入，致使國內人口持續增加，一般而言，只要一個國家人口數量不至於多到造成全體國力衰退，青壯年從事生產人口比例維持一定水平，政府並不特別排斥移入人口（部分因種族宗教因素，而設限移民人數的國家屬特例）。因為有能力移民的人，一般而論，是在生活品質上擁有選擇權的人口，社經背景、知識學問顯然具備相當程度，移民進來，有助於提升國內產經學界的素質，美國就是一個最好的實證。

當然伴隨而來的移民政策，需要花時間好好研擬，適應、民族性不同的問題都要一一克服，不過顯然較棘手的會是，非法移入的難民，他們從戰亂頻仍、民生自由都成問題的地區而來，心態上是「置之死地而後生」，想盡一切辦法都要往這邊逃，既是非法移入，人口販子很容易將之利用爲犯案「工具」，難民爲了不被逮捕遣送回去，往往躲在黑暗角落做些誰也捉摸不到的事情，惡性循環，很難有終止的一天。

最完美的結果，即是世界各地不再戰亂、飢荒，政府讓自己的子民們安居樂業，朝眞善美的境界去教育他們，而非把他們當成無知的愚民，以爲隔絕、洗腦、灌輸等方式就能教育出新時代青年，那麼他的觀念遠遠不及夫子的清明。

…………………

盧梭：政治結合的目的是爲了什麼？就是爲了成員的生存和繁榮，而他們生存和繁榮的最切確可靠的標志又是什麼？那就是他們的數目和他們的人口了，因此在它的治理下，公民人數繁殖和增長的最多的，就確實無疑的是最好的政府，那個在它治理下，人民減少凋零的政府，就是最壞的政府。

…………………

國家圖書館出版品預行編目資料

一以貫之 ‧ 孔子 / 黃雅芬著 . ── 二版 . ──臺中市　: 好讀 , 2013.11 面：　公分，──（名言集 ; 01） ISBN 978-986-178-297-3（平裝） 121.22　　　　　　　　　102014911

好讀出版

名言集 01

一以貫之 ‧ 孔子

作　　者／黃雅芬
總 編 輯／鄧茵茵
文字編輯／葉孟慈、莊銘桓
美術編輯／鄭年亨
發 行 所／好讀出版有限公司
台中市 407 西屯區何厝里 19 鄰大有街 13 號
TEL:04-23157795　FAX:04-23144188
http://howdo.morningstar.com.tw
（如對本書編輯或內容有意見，請來電或上網告訴我們）
法律顧問／甘龍強律師

戶名：知己圖書股份有限公司
劃撥專線：15062393
服務專線：04-23595819 轉 230
傳眞專線：04-23597123
E-mail：service@morningstar.com.tw
如需詳細出版書目、訂書、歡迎洽詢
晨星網路書店 http://www.morningstar.com.tw

印刷／上好印刷股份有限公司 TEL:04-23150280
二版／西元 2013 年 11 月 01 日
定價：250 元
如有破損或裝訂錯誤，請寄回台中市 407 工業區 30 路 1 號更換（好讀倉儲部收）

Published by How Do Publishing Co. ,LTD.
2013 Printed in Taiwan
ISBN 978-986-178-297-3

讀者回函

只要寄回本回函，就能不定時收到晨星出版集團最新電子報及相關優惠活動訊息，並有機會參加抽獎，獲得贈書。因此有電子信箱的讀者，千萬別吝於寫上你的信箱地址

書名：一以貫之 · 孔子

姓名：____________ **性別：**□男 □女　**生日：**____年____月____日

教育程度：____________________

職業：□學生 □教師 □一般職員 □企業主管

□家庭主婦 □自由業 □醫護 □軍警 □其他________________

電子郵件信箱（e-mail）：________________ **電話：**____________

聯絡地址：□□□____________________________

你怎麼發現這本書的？

□書店 □網路書店（哪一個？）______________ □朋友推薦 □學校選書

□報章雜誌報導 □其他________________________

買這本書的原因是：________________________

□內容題材深得我心 □價格便宜 □封面與內頁設計很優 □其他__________

你對這本書還有其他意見嗎？請通通告訴我們：

____

你買過幾本好讀的書？（不包括現在這一本）

□沒買過 □ 1 ～ 5 本 □ 6 ～ 10 本 □ 11 ～ 20 本 □太多了

你希望能如何得到更多好讀的出版訊息？

□常寄電子報 □網站常常更新 □常在報章雜誌上看到好讀新書消息

□我有更棒的想法________________________

最後請推薦五個閱讀同好的姓名與 E-mail，讓他們也能收到好讀的近期書訊：

1.____________________________________

2.____________________________________

3.____________________________________

4.____________________________________

5.____________________________________

我們確實接收到你對好讀的心意了，再次感謝你抽空填寫這份回函

請有空時上網或來信與我們交換意見，好讀出版有限公司編輯部同仁感謝你！

好讀的部落格：http://howdo.morningstar.com.tw/

請填妥後對折黏貼，直接投郵即可，無須貼郵票。

廣告回函
台灣中區郵政管理局
登記證第 3877 號
免貼郵票

好讀出版有限公司　編輯部收

407 台中市西屯區何厝里大有街 13 號

電話：04-23157795-6　傳眞：04-23144188

沿虛線對折

購買好讀出版書籍的方法：

一、先請你上晨星網路書店http://www.morningstar.com.tw檢索書目或直接在網上購買

二、以郵政劃撥購書：帳號15060393 戶名：知己圖書股份有限公司並在通信欄中註明你想買的書名與數量

三、大量訂購者可直接以客服專線洽詢，有專人爲您服務：

客服專線：04-23595819轉230 傳眞：04-23597123

四、客服信箱：service@morningstar.com.tw